诚信为本　操守为重

坚持准则　不做假账

——与学习会计的同学共勉

国家级精品资源共享课配套教材

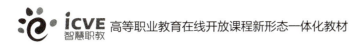

icve 智慧职教 高等职业教育在线开放课程新形态一体化教材

基础会计习题与实训

（第三版）

▶主　编　熊绍刚　孔祥银
▶副主编　吕均刚　黄先酉　刘姝　袁芳　吴海波

中国教育出版传媒集团

高等教育出版社·北京

内容提要

本书是国家级精品资源共享课配套教材《基础会计》（第三版）的辅助用书。本书是在第二版基础上，根据最新实施的财税法规如个人所得税法、增值税税率变化等修订而成的。

全书共分九个学习情境，包括认知会计、掌握记账的基本方法、记录企业典型经济业务、取得或填制原始凭证、填制和审核记账凭证、建账与登账、对账与结账、编制会计报表、整理归档会计资料。每个情境主要包括单项选择题、多项选择题、判断题、名词解释、简答题及项目实训等内容。习题与项目实训紧扣主教材内容，多角度训练学生的专业能力。同时，本书还选编了三套模拟试题，供学习者检验学习效果。

本书可以作为高等职业院校财务会计类专业和经济管理类专业基础会计的教材，也可供相关从业人员学习参考。

本书配有习题答案以及与课程配套的多种资源，本书使用者可通过智慧职教（www.icve.com.cn）MOOC 学院的"基础会计"课程在线学习相关资源，亦可按照"郑重声明"页的资源服务提示获取其他资源服务。

图书在版编目（ＣＩＰ）数据

基础会计习题与实训 / 熊绍刚，孔祥银主编. --3 版. -- 北京：高等教育出版社，2023.10（2024.4 重印）
ISBN 978-7-04-060899-1

Ⅰ.①基… Ⅱ.①熊… ②孔… Ⅲ.①会计学-高等职业教育-教学参考资料 Ⅳ.①F230

中国国家版本馆 CIP 数据核字（2023）第 138263 号

基础会计习题与实训（第三版）
JICHU KUAIJI XITI YU SHIXUN

| 策划编辑 | 黄　茜 | 责任编辑 | 黄　茜 | 封面设计 | 赵　阳　裴一丹 | 版式设计 | 李彩丽 |
| 责任绘图 | 杨伟露 | 责任校对 | 胡美萍 | 责任印制 | 存　怡 | | |

出版发行	高等教育出版社	网　　址	http://www.hep.edu.cn
社　　址	北京市西城区德外大街 4 号		http://www.hep.com.cn
邮政编码	100120	网上订购	http://www.hepmall.com.cn
印　　刷	河北宝昌佳彩印刷有限公司		http://www.hepmall.com
			http://www.hepmall.cn
开　　本	787mm×1092mm　1/16		
印　　张	11	版　　次	2014 年 8 月第 1 版
字　　数	250 千字		2023 年 10 月第 3 版
购书热线	010-58581118	印　　次	2024 年 4 月第 2 次印刷
咨询电话	400-810-0598	定　　价	29.80 元

本书如有缺页、倒页、脱页等质量问题，请到所购图书销售部门联系调换
版权所有　侵权必究
物 料 号　60899-00

第三版前言

本书是国家级精品资源共享课配套教材、智慧职教 MOOC 学院"基础会计"课程配套教材。全书按照九个学习情境设置了丰富的练习题型，包括单项选择题、多项选择题、判断题、名词解释、简答题、项目实训等，最后还设置了三套模拟试题。习题与项目实训、模拟试题紧扣主教材内容，多角度训练学生的专业能力。

本书由襄阳职业技术学院熊绍刚副教授和湖北工业职业技术学院孔祥银教授担任主编，襄阳职业技术学院吕均刚、黄先西、刘姝，襄阳市襄城区职业高级中学袁芳、湖北生物科技职业学院吴海波任副主编。具体分工如下：

1. 学习情境一"认知会计"由襄阳汽车职业技术学院王文毅、杨丹，襄阳职业技术学院黄先西编写。

2. 学习情境二"掌握记账的基本方法"由襄阳职业技术学院熊绍刚、吕均刚，鄂州职业大学周美容，湖北华炬会计事务有限公司李成宝编写。

3. 学习情境三"记录企业典型经济业务"由襄阳职业技术学院熊绍刚、张瑞雪，湖北生物科技职业学院吴海波，襄阳市中小企业发展服务中心张国际编写。

4. 学习情境四"取得或填制原始凭证"由襄阳市襄城区职业高级中学袁芳、襄阳职业技术学院刘海燕、武汉大学经管学院刘怡然编写。

5. 学习情境五"填制和审核记账凭证"由襄阳职业技术学院张霄、湖北中航精机科技有限公司胡昱敏编写。

6. 学习情境六"建账与登账"由湖北工业职业技术学院孔祥银、襄阳职业技术学院张静编写。

7. 学习情境七"对账与结账"由长江职业学院周列平、湖北工业职业技术学院程亚兰、襄阳职业技术学院闻乐剑编写。

8. 学习情境八"编制会计报表"由襄阳职业技术学院唐卫东、赵曦编写。

9. 学习情境九"整理归档会计资料"由襄阳职业技术学院刘姝编写。

最后，由熊绍刚、孔祥银修改、统稿，总纂定稿。

由于作者水平有限，书中缺点和疏漏之处，敬请读者批评指正。

编　者

2023 年 6 月

第一版前言

本书是"十二五"职业教育国家规划教材和国家级精品资源共享课立项项目配套教材《基础会计》的辅助用书。全书主要内容包括九大学习情境的单项选择题、多项选择题、判断题、名词解释、简答题、填空题、项目训练等。习题与项目训练紧扣主教材内容，通过多角度训练学生的专业能力。

本书由襄阳职业技术学院田家富担任主编，负责修改、统稿，总纂成书。湖北工业职业技术学院孔祥银、武汉商贸职业学院周列平、襄阳职业技术学院刘姝担任副主编。具体分工如下：

1. 学习情境一"认知会计"由襄阳汽车职业技术学院王文毅，湖北众信至诚会计师事务有限公司章建军编写；

2. 学习情境二"掌握记账的基本方法"由襄阳职业技术学院田家富、吕均刚，鄂州职业大学周美容，湖北华炬会计师事务有限公司李成宝编写；

3. 学习情境三"记录企业典型经济业务"由湖北生物科技职业学院吴海波，襄阳职业技术学院刘海燕、熊绍刚，湖北省襄阳市泰明实业有限公司张仕荣编写；

4. 学习情境四"取得或填制原始凭证"由襄阳职业技术学院陈家旺、阮敏，襄阳新金桥农资有限责任公司邱德先编写；

5. 学习情境五"填制和审核记账凭证"由襄阳职业技术学院张霄，际华三五四二纺织有限公司王为夏编写；

6. 学习情境六"建账与登账"由湖北工业职业技术学院孔祥银，襄阳职业技术学院张静编写；

7. 学习情境七"对账与结账"由武汉商贸职业学院周列平，湖北工业职业技术学院程亚兰，襄阳职业技术学院闻乐剑、阮敏编写；

8. 学习情境八"编制会计报表"由襄阳职业技术学院田家富、刘世荣编写；

9. 学习情境九"整理归档会计资料"由襄阳职业技术学院刘姝编写。

10. 模拟测试题由刘姝、熊绍刚编写。

由于作者水平有限，书中难免存在缺点和疏漏之处，敬请读者批评指正。

编　者

2014 年 5 月

目　录

一、单项选择题

1. 近代会计的形成标志是（　　）。

   A. 从单式记账过渡到复式记账

   B. 会计记录的内容不断丰富

   C. 会计记录的方法不断更新

   D. 从生产职能中分离出来，成为一种独立的职能

2. 四柱结算法中所谓"四柱"是（　　）。

   A. 旧管、新收、开除、实在

   B. 划在账页上的四条线

   C. 期初结存、本期收入、本期支出、期末结存

   D. 进、缴、存、该

3. 会计核算主要通过（　　）来进行。

   A. 价值指标　　　　B. 财务指标　　　C. 劳动指标　　　D. 实物指标

4. 会计核算具有（　　）的特点。

   A. 完整性　　　　　　　　　　B. 连续性

   C. 系统性　　　　　　　　　　D. 完整性、系统性和连续性

5. 会计的一般对象可以概括为（　　）。

   A. 预算资金的收支　　　　　　B. 商品流通领域的资金运动

   C. 生产领域的资金运动　　　　D. 再生产过程中的资金运动

6. 会计主要是利用（　　），从数量方面综合反映各单位的经济活动情况。

   A. 货币计量　　　　　　　　　B. 实物计量

   C. 劳动量度　　　　　　　　　D. 货币、实物和劳动量度

7. 会计是对生产过程的"控制和观念总结"。这表明会计的基本职能是（　　）。

A. 生产职能　　　　　　　　　　B. 核算、监督职能

C. 生产职能和管理职能的统一　　D. 管理职能兼生产职能

8. （　　）前提明确了会计工作的空间范围。

A. 会计主体　　　B. 持续经营　　C. 会计客体　　D. 会计分期

9. （　　）前提明确了会计工作的时间范围。

A. 会计主体　　　B. 会计分期　　C. 持续经营　　D. 货币计量

10. 会计主体是（　　）。

A. 对其进行核算的一个特定单位　　B. 一个企业

C. 企业法人　　　　　　　　　　　D. 法人主体

11. 会计的职能是（　　）。

A. 永恒不变的　　　　　　　　B. 随着生产关系的变更而变更的

C. 随着经济的发展而发展的　　D. 只有在社会主义制度下才能发展

12. 四柱清册产生于（　　）。

A. 汉朝　　　　　B. 宋朝　　　　C. 明朝　　　　D. 清朝

13. 在我国，会计年度自（　　）。

A. 公历 1 月 1 日起至 12 月 31 日止

B. 公历每年 4 月 1 日起至次年 3 月 31 日止

C. 公历每年 9 月 1 日起至次年 8 月 31 日止

D. 公历每年 7 月 1 日起至次年 6 月 30 日止

14. 我国近代会计史上的第三次变革是从（　　）开始的。

A. 1985 年颁布的《中华人民共和国会计法》

B. 1981 年建立的注册会计师制度

C. 1993 年实施的《企业会计准则》

D. 1978 年后实行改革开放政策

15. 外部信息使用者了解单位会计信息最主要的途径是（　　）。

A. 财务报告　　B. 账簿　　　　C. 财产清查　　D. 会计凭证

二、多项选择题

1. “龙门账”把全部经济业务划分为四大类即（　　）。

A. 进　　　　　B. 缴　　　　　C. 存　　　　　D. 该

2. 会计中期一般是指（　　）。

A. 月度　　　　B. 季度　　　　C. 半年度　　　D. 年度

3. 会计核算的基本前提包括（　　）。

A. 会计主体　　B. 持续经营　　C. 会计分期　　D. 货币计量

E. 充分揭示

4. 现代会计最基本的特征是（　　）。

A. 会计主体　　　　　　　　B. 会计分期

C. 公认会计原则　　　　　　D. 执业会计师制度

5. 1973 年 6 月，由（　　　　　　）等国的会计职业团体发起组成了会计准则的国际组织，形成了会计国际化的大趋势。

   A. 美国　　　　　　　　　　　　B. 中国

   C. 澳大利亚　　　　　　　　　　D. 加拿大

   E. 法国

6. 会计从数量方面反映经济活动可以有多种量度，有（　　　　　）。

   A. 实物量度　　　　B. 劳动量度　　　　C. 货币量度　　　D. 以上都对

7. 下列各项中，属于会计岗位的有（　　　　　）。

   A. 工资核算岗位　　　　　　　　B. 资金核算岗位

   C. 计划管理岗位　　　　　　　　D. 会计档案管理岗位

8. 会计人员因专业技术职务不同，分为（　　　　　）。

   A. 会计员　　　　　　　　　　　B. 助理会计师

   C. 会计师　　　　　　　　　　　D. 高级会计师

   E. 注册会计师

三、判断题

1. 会计发展的历史证明，会计是在社会政治变革中产生的。（　　　）

2. 会计只能用货币量度进行核算和监督。（　　　）

3. 会计主体是指企业法人。（　　　）

4. 会计分期不同，对利润总额不会产生影响。（　　　）

5. 会计主体假定的意义，在于规定了会计核算工作的空间范围。（　　　）

6. 会计目的就是多赚利润，即多赚钱。（　　　）

7. 提供会计信息的重要手段是财务报告。（　　　）

8. 会计监督有事前监督、事中监督、事后监督。（　　　）

9. 会计的主要特点之一是以货币为计量单位。（　　　）

四、名词解释

1. 会计：

2. 会计职能：

3. 会计核算职能：

4. 会计监督职能：

5. 会计目的：

6. 会计基本假定：

7. 会计主体假定：

8. 持续经营假定：

9. 货币计量假定：

10. 内部牵制原则：

11. 会计法律：

五、简答题

1. 简述会计的发展过程及其主要标志。

2. 什么是会计的核算职能？具有哪些特点？

3. 会计的核算职能与监督职能的关系是什么？

4. 我国会计法律法规体系是如何构成的？

5. 简述会计目的。

6. 什么是会计核算的基本前提？我国《企业会计准则》规定的会计核算的基本前提是什么？

一、单项选择题

1. 会计对象是企业事业单位的（　　　）。

    A. 经济活动　　　　B. 经济资源　　　　C. 资金运动　　　　D. 劳动耗费

2. （　　　）是对会计对象进行的基本分类，是会计核算对象的具体化。

    A. 会计科目　　　　B. 会计要素　　　　C. 会计账户　　　　D. 会计对象

3. 最基本的会计等式是（　　　）。

    A. 资产＋负债＝所有者权益　　　　　　B. 资产＝负债＋所有者权益

    C. 收入－费用＝利润　　　　　　　　　D. 收入－成本＝利润

4. 下列各项中，不属于制造企业资金循环与周转阶段的是（　　　）。

    A. 供应过程　　　　B. 生产过程　　　　C. 销售过程　　　　D. 分配过程

5. 某公司资产总额为 5 000 万元，负债总额为 1 000 万元，以银行存款 100 万元偿还借款，并已收回前欠货款 100 万元存入银行存款后，该企业资产总额为（　　　）万元。

    A. 3 900　　　　　B. 4 100　　　　　C. 4 900　　　　　D. 4 800

6. 企业以银行存款偿还债务，表现为（　　　）。

    A. 一项资产增加，另一项资产减少

    B. 一项负债增加，另一项负债减少

    C. 一项资产减少，一项负债增加

    D. 一项资产减少，一项负债减少

7. 负债是指企业由于过去的交易或事项形成的（　　　）。

    A. 过去义务　　　　B. 现时义务　　　　C. 将来义务　　　　D. 永久义务

8. 某公司追加投资 100 万元，款项已收到并存入银行，该项业务使公司（　　　）。

    A. 资产增加 100 万元，同时负债增加 100 万元

    B. 资产增加 100 万元，同时所有者权益增加 100 万元

  C. 所有者权益增加 100 万元，同时负债减少 100 万元

  D. 所有者权益增加 100 万元，同时负债增加 100 万元

9. 某公司 9 月初资产总额为 5 000 元，负债总额为 2 000 元，9 月发生如下经济业务：取得收入共计 2 400 元，发生费用共计 1 500 元。则 9 月该公司的所有者权益总额为（ ）元。

  A. 3 100   B. 3 900   C. 5 000   D. 4 500

10. 会计核算的内容是指特定主体的（ ）。

  A. 经济资源   B. 经济活动   C. 资金运动   D. 劳动成果

11. 会计科目是指对（ ）的具体内容进行核算的项目。

  A. 会计主体   B. 会计科目   C. 会计要素   D. 会计信息

12. 账户是根据（ ）设置的，具有一定格式和结构，用于分类反映会计要素增减变动情况及其结果的载体。

  A. 会计主体   B. 会计科目   C. 会计要素   D. 会计信息

13. 总分类账户是根据（ ）设置的，用于对会计要素具体内容进行总括分类核算的账户。

  A. 会计主体   B. 会计科目   C. 总分类科目   D. 明细分类科目

14. 明细分类科目是根据（ ）设置的，用于对会计要素具体内容进行明细分类核算的账户。

  A. 会计主体   B. 会计科目   C. 总分类科目   D. 明细分类科目

15. 我国的法定记账方法是（ ）。

  A. 收付记账法 B. 增减记账法 C. 借贷记账法 D. 单式记账法

16. 复式记账法是指发生的一项经济业务事项都要在（ ）相互联系的账户中进行登记。

  A. 一个   B. 两个   C. 三个   D. 两个或两个以上

17. 资产类账户的借方登记（ ）。

  A. 增加发生额   B. 减少发生额

  C. 增加或减少发生额   D. 以上都不对

18. 资产类账户的贷方登记（ ）。

  A. 增加发生额   B. 减少发生额

  C. 增加或减少发生额   D. 以上都不对

19. 负债类账户的贷方登记（ ）。

  A. 增加发生额   B. 减少发生额

  C. 增加或减少发生额   D. 以上都不对

20. 负债类账户的借方登记（ ）。

  A. 增加发生额   B. 减少发生额

  C. 增加或减少发生额   D. 以上都不对

21. 所有者权益类账户的贷方登记（ ）。

  A. 增加发生额   B. 减少发生额

  C. 增加或减少发生额   D. 以上都不对

22. 所有者权益类账户的借方登记（　　　）。

    A. 增加发生额　　　　　　　　　　　B. 减少发生额

    C. 增加或减少发生额　　　　　　　　D. 以上都不对

23. 成本（费用）类账户的借方登记（　　　）。

    A. 增加发生额　　　　　　　　　　　B. 减少发生额

    C. 增加或减少发生额　　　　　　　　D. 以上都不对

24. 成本（费用）类账户的贷方登记（　　　）。

    A. 增加发生额　　　　　　　　　　　B. 减少发生额

    C. 增加或减少发生额　　　　　　　　D. 以上都不对

25. 负债类账户的期末余额一般（　　　）。

    A. 在借方　　　　　B. 在贷方　　　　C. 在借方或贷方　　　D. 无期末余额

26. 资产类账户的期末余额一般（　　　）。

    A. 在借方　　　　　B. 在贷方　　　　C. 在借方或贷方　　　D. 无期末余额

27. "应收账款"账户的期末余额等于（　　　）。

    A. 期初余额＋本期借方发生额－本期贷方发生额

    B. 期初余额－本期借方发生额－本期贷方发生额

    C. 期初余额＋本期借方发生额＋本期贷方发生额

    D. 期初余额－本期借方发生额＋本期贷方发生额

28. "应付账款"账户的期末余额等于（　　　）。

    A. 期初余额＋本期借方发生额－本期贷方发生额

    B. 期初余额－本期借方发生额－本期贷方发生额

    C. 期初余额＋本期借方发生额＋本期贷方发生额

    D. 期初余额－本期借方发生额＋本期贷方发生额

29. 发生额试算平衡公式是（　　　）。

    A. 全部账户的本期借方发生额合计＝全部账户本期贷方发生额合计

    B. 账户本期借方发生额合计＝账户本期贷方发生额合计

    C. 本期借方发生额合计＝本期贷方发生额合计

    D. 借方发生额合计＝贷方发生额合计

30. 某企业月初有短期借款 30 万元，本月向银行借入短期借款 15 万元，以银行存款偿还短期借款 20 万元，则月末"短期借款"账户余额为（　　　）万元。

    A. 借方 25　　　　　B. 贷方 25　　　　C. 借方 15　　　　　D. 贷方 15

31. "实收资本"账户的期末余额为（　　　）。

    A. 期初余额＋本期借方发生额－本期贷方发生额

    B. 期初余额－本期借方发生额－本期贷方发生额

    C. 期初余额＋本期借方发生额＋本期贷方发生额

    D. 期初余额－本期借方发生额＋本期贷方发生额

32. 某公司本月发生管理费用开支计 28 万元，月末应结平"管理费用"账户，则"管理费用"账户（　　　）。

A. 月末借方余额 28 万元　　　　　B. 本期贷方发生额 28 万元

C. 月末贷方余额 28 万元　　　　　D. 以上都不对

33. 某企业资产总额为 100 万元，当发生下列三笔经济业务后：① 向银行借款 20 万元存入银行；② 用银行存款偿还货款 10 万元；③ 收回应收账款 5 万元存入银行。其资产总额为（　　）万元。

A. 135　　　　　B. 115　　　　　C. 110　　　　　D. 125

34. 借贷记账法的理论依据是（　　）。

A. 有借必有贷，借贷必相等　　　　B. 资产 = 负债 + 所有者权益

C. 复式记账法　　　　　　　　　　D. 借贷平衡

35. 某账户记录如下：

××账户

① 60 000	期初余额	50 000
③ （　　）	②	70 000
	期末余额	40 000

则该账户括号中应为（　　）。

A. 10 000　　　　B. 20 000　　　　C. 30 000　　　　D. 50 000

36. 某企业月末编制的试算平衡表中，全部账户的本月借方发生额合计为 100 000 元，除"应付账款"以外其他账户的本月贷方发生额合计为 95 000 元，则"应付账款"账户（　　）元。

A. 本月借方发生额为 5 000　　　　B. 本月贷方发生额为 5 000

C. 月末贷方余额为红字 5 000　　　D. 月末借方余额为 5 000

37. 某经济业务的会计分录如下，则（　　）。

借：资本公积　50 000

　　贷：实收资本　50 000

A. 一个资产项目减少 50 000 元，一个所有者权益项目增加 50 000 元

B. 一个所有者权益项目增加 50 000 元，另一个所有者权益项目减少 50 000 元

C. 一个资产项目增加 50 000 元，一个所有者权益项目增加 50 000 元

D. 一个所有者权益项目增加 50 000 元，另一个所有者权益项目也增加 50 000 元

38. 某账户的记录如下：

××账户

期初余额 50 000			
①	60 000	②	70 000
③	40 000	④	（　　）
期末余额 30 000			

则该账户括号栏中的数额为（　　）。

A. 30 000　　　　B. 40 000　　　　C. 50 000　　　　D. 60 000

39. 某账户的记录如下：

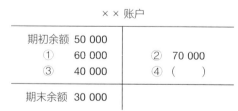

```
                        ×× 账户
            期初余额（    ）
              ①    60 000        ②   70 000
              ③    30 000
            期末余额  40 000
```

则该账户期初余额为（   ）。

A. 10 000   B. 20 000   C. 30 000   D. 40 000

40. 某账户的记录如下：

```
                        ×× 账户
            期初余额  30 000
              ①    40 000        ②   60 000
              ③    50 000        ④   20 000
            期末余额（    ）
```

则该账户期末余额为（   ）。

A. 30 000   B. 40 000   C. 50 000   D. 60 000

41. 某公司期末余额试算平衡表的资料如表2-1所示：

表2-1　期末余额试算平衡表
　　　　　　　　　　　　　　　　　　　　　　　　　　单位：元

账户名称	期末借方余额	期末贷方余额
甲账户	40 000	
乙账户	60 000	
丙账户		
丁账户		30 000
戊账户		50 000

则丙账户（   ）。

A. 有借方余额 10 000 元　　　　　B. 有贷方余额 20 000 元

C. 有借方余额 30 000 元　　　　　D. 有贷方余额 40 000 元

42. （   ）是根据总分类科目设置的，用来对会计要素具体内容进行总括核算的账户。

A. 总分类账户　　　　　　　　　　B. 明细分类账户

C. 总分类账和明细分类账　　　　　D. 分类账

43. （   ）是根据明细分类科目设置的，用来对会计要素的具体内容进行明细分类核算的账户。

A. 总分类账户　　　　　　　　　　B. 明细分类账户

C. 一级账　　　　　　　　　　　　D. 二级账

44. 明细分类账户对总分类账户具有（   ）作用。

A. 统驭控制   B. 补充说明
C. 指导   D. 辅助

45. 某公司材料总分类账户本期借方发生额为 28 000 元，本期贷方发生额为 26 000 元，其有关明细分类账户的发生额分别为：甲材料本期借方发生额 7 000 元，贷方发生额 9 000 元，乙材料本期借方发生额 10 000 元，贷方发生额为 8 000 元，则丙材料本期（   ）。

A. 借方发生额 17 000 元，贷方发生额 17 000 元
B. 借方发生额 21 000 元，贷方发生额 17 000 元
C. 借方发生额 11 000 元，贷方发生额 9 000 元
D. 借方发生额 18 000 元，贷方发生额 9 000 元

46. 下列错误能通过试算平衡查找的有（   ）。
A. 某项经济业务未入账   B. 某项经济业务重复记账
C. 应借应贷账户中借贷方向颠倒   D. 应借应贷账户中借贷余额不等

47. 总分类账户与所属明细分类账户的关系是（   ）。
A. 平等关系   B. 对应关系
C. 没有关系   D. 统驭与被统驭关系

48. 会计对象可以概括为（   ）。
A. 预算资金的收支
B. 商品流通领域的资金运动
C. 生产领域的资金运动
D. 社会再生产过程中的资金运动

49. 一个企业的资产总额与权益总额（   ）。
A. 必然相等   B. 有时相等
C. 不会相等   D. 只有在期末时相等

50. 某公司刚刚建立时，资产总额为 50 万元，权益总额为 50 万元，发生一笔以银行存款 8 万元偿还银行借款的经济业务后，此时，该公司的资产总额为（   ）万元。
A. 58   B. 50   C. 42   D. 34

51. 企业的原材料属于会计要素中的（   ）。
A. 资产   B. 负债   C. 所有者权益   D. 利润

52. 一项资产增加、一项负债增加的经济业务发生后，会使原来的资产与权益总额（   ）。
A. 发生同增的变动   B. 发生同减的变动
C. 不会变动   D. 发生不等额的变动

53. 企业所拥有的资产从财产权利归属来看，一部分属于投资者，另一部分属于（   ）。
A. 债权人   B. 债务人   C. 企业职工   D. 企业法人

54. 某汽车制造公司生产的汽车对该公司来讲属于（   ）。
A. 流动资产   B. 固定资产   C. 其他资产   D. 长期投资

55. 企业费用的发生往往会引起（   ）。
A. 资产增加   B. 资产减少   C. 负债减少   D. 所有者权益增加

56. 一项资产增加，不可能引起（　　　）。
    A. 另一项资产减少　　　　　　　　B. 一项负债增加
    C. 一项所有者权益增加　　　　　　D. 一项负债减少

57. 企业收入的发生往往会引起（　　　）。
    A. 资产增加　　　B. 资产减少　　　C. 负债增加　　　D. 所有者权益减少

58. （　　　）既反映了会计要素之间的基本数量关系，同时也是复式记账的理论依据。
    A. 会计对象　　　B. 会计科目　　　C. 会计账户　　　D. 会计等式

59. 每一项经济业务的发生，都会影响（　　　）项目发生增减变化。
    A. 一个　　　　　　　　　　　　　B. 两个
    C. 两个或两个以上　　　　　　　　D. 一个或一个以上

60. 流动资产是指其变现或耗用期在（　　　）的资产。
    A. 一年以内
    B. 一个营业周期内
    C. 一年内或超过一年的一个营业周期内
    D. 超过一年的一个营业周期

61. （　　　）不属于损益类的会计科目。
    A. 投资收益　　　　　　　　　　　B. 生产成本
    C. 主营业务成本　　　　　　　　　D. 其他业务成本

62. 假如某账户本期期初余额为 6 800 元，本期期末余额为 6 700 元，本期减少发生额为
    900 元，则该账户本期增加发生额为（　　　）元。
    A. 600　　　　　　B. 700　　　　　　C. 800　　　　　　D. 900

63. 总分类会计科目和明细分类会计科目之间的关系是（　　　）。
    A. 相等　　　　　B. 名称一致　　　C. 统驭和从属　　D. 互相依存

64. 某公司所有者权益总额为 800 万元，负债总额为 200 万元。那么该公司的资产总额为
    （　　　）万元。
    A. 600　　　　　　B. 800　　　　　　C. 1 000　　　　　D. 1 200

65. 假如某账户本期增加发生额为 1 500 元，减少发生额为 1 400 元，期末余额为 1 300 元，
    则该账户本期期初余额为（　　　）元。
    A. 1 100　　　　　B. 1 200　　　　　C. 1 300　　　　　D. 1 400

66. 借贷记账法是以"借""贷"作为（　　　）的一种复式记账法。
    A. 记账规则　　　B. 账户结构　　　C. 记账符号　　　D. 账户对应关系

67. 下列会计分录中属于简单会计分录的有（　　　）。
    A. 一借一贷　　　B. 一借多贷　　　C. 一贷多借　　　D. 多借多贷

68. 下列关于借贷记账法的"贷"的表述中，正确的是（　　　）。
    A. 收入的减少　　B. 负债的减少　　C. 费用的减少　　D. 资产的增加

69. 下列各项中，属于负债类科目的是（　　　）。
    A. 应收账款　　　B. 预收账款　　　C. 预付账款　　　D. 长期待摊费用

70. 存在着对应关系的账户，称为（　　　）。

A. 联系账户　　　　B. 平衡账户　　　　C. 恒等账户　　　　D. 对应账户

71. 借贷记账法的理论基础是（　　　　）。

A. 会计要素　　　　B. 会计原则　　　　C. 会计等式　　　　D. 复式记账法

72. 资产与权益两大类账户的结构是（　　　　）。

A. 相同的　　　　　B. 相反的　　　　　C. 不稳定的　　　　D. 基本相同的

73. 以下会计分录体现的经济业务内容是（　　　　）。

借：银行存款　　20 000

　　贷：短期借款　　20 000

A. 以银行存款 20 000 元偿还短期借款

B. 收到某企业前欠货款 20 000 元

C. 向银行取得短期借款 20 000 元

D. 收到某企业投入货币资金 20 000 元

74. 某资产类账户期初借方余额为 900 元，本期贷方发生额为 1 500 元，期末借方余额为 1 200 元，该账户的本期借方发生额应为（　　　　）元。

A. 300　　　　　　B. 600　　　　　　C. 1 200　　　　　D. 1 800

75. 某负债类账户本期借方发生额为 8 000 元，本期贷方发生额为 5 000 元，期末贷方余额为 4 000 元，则该账户的期初贷方余额为（　　　　）元。

A. 4 000　　　　　B. 5000　　　　　C. 6 000　　　　　D. 7 000

76. 所谓试算平衡，就是根据资产和权益的（　　　　）来检查各类账户的记录是否正确。

A. 对应关系　　　　B. 平衡关系　　　　C. 制约关系　　　　D. 从属关系

77. 全部账户期初借方余额合计应当等于（　　　　）。

A. 全部账户本期借方发生额合计　　　B. 全部账户本期贷方发生额合计

C. 全部账户期初贷方余额合计　　　　D. 全部账户贷方期末余额合计

78. （　　　　）通常没有期末余额。

A. 资产账户　　　　　　　　　　　　B. 负债账户

C. 所有者权益账户　　　　　　　　　D. 损益账户

79. 根据复式记账原理，对发生的每笔经济业务都必须同时在（　　　　）中加以登记。

A. 一个账户的借方和另一个账户的贷方

B. 一个资产账户和一个负债账户

C. 一个总分类账户和其所属的几个明细分类账户

D. 两个和两个以上相互联系的账户

80. 采用复式记账的方法主要是为了（　　　　）。

A. 便于登记账簿　　　　　　　　　　B. 如实、完整地反映资金运动的来龙去脉

C. 提高会计工作效率　　　　　　　　D. 便于会计人员的分工协作

81. 在借贷记账法下，账户的借方表示（　　　　）。

A. 资产的增加和负债的减少　　　　　B. 负债的增加和资产的减少

C. 收入的增加和负债的减少　　　　　D. 利润和所有者权益增加

82. （　　　　）既是复式记账的理论依据，又是资产负债表的编制依据。

A. 会计对象　　　　　　　　　　B. 会计科目

C. 资产＝负债＋所有者权益　　　D. 收入－费用＝利润

83. 资产类账户的期末余额根据（　　）计算。

   A. 期末借方余额＝期初借方余额＋本期借方发生额－本期贷方发生额

   B. 期末借方余额＝期初借方余额＋本期贷方发生额－本期借方发生额

   C. 期末贷方余额＝期初贷方余额＋本期借方发生额－本期贷方发生额

   D. 期末贷方余额＝期初贷方余额＋本期贷方发生额－本期借方发生额

84. 账户发生额试算平衡是依据（　　）确定的。

   A. 借贷记账法的记账规则　　　B. 经济业务的内容

   C. 会计方程式　　　　　　　　D. 经济业务的类型

85. 借贷记账法的余额试算平衡公式是（　　）。

   A. 每个账户借方发生额等于每个账户贷方发生额

   B. 全部账户借方发生额合计等于全部账户贷方发生额合计

   C. 全部账户期末借方余额合计等于全部账户期末贷方余额合计

   D. 每个账户期末借方余额合计等于每个账户期末贷方余额合计

86. 负债类账户期末余额一般应（　　）。

   A. 在账户的借方　　　　　　　B. 没有余额

   C. 在账户的贷方　　　　　　　D. 在账户的借方或贷方

87. 某企业资产总额为100万元，收回应收账款20万元后，又以银行存款10万元偿付应付账款。这时该企业资产总额为（　　）万元。

   A. 100　　　　B. 110　　　　C. 90　　　　D. 120

88. "应付账款"账户本期借方发生额为90万元，贷方发生额为100万元，期末应付账款贷方余额为65万元。该账户期初余额为（　　）万元。

   A. 借方55　　B. 贷方55　　C. 借方85　　D. 贷方85

89. 20××年年末某公司的资产总额为500万元，负债总额为260万元，全年收入为360万元，费用为290万元，则该公司本年年初所有者权益总额为（　　）万元。

   A. 70　　　　B. 100　　　　C. 170　　　　D. 240

90. "应收账款"账户期初借方余额为2 000元，本期借方发生额10 000元，本期贷方发生额为8 000元，该账户期末余额为（　　）元。

   A. 借方4 000　B. 贷方4 000　C. 借方8 000　D. 贷方8 000

91. 企业的资金运动由各个环节组成，它不包括（　　）。

   A. 资金投入　B. 资金运用　C. 资金退出　D. 资金增值

92. 商品流通企业的资金运动不包括（　　）。

   A. 供应过程　　　　　　　　　B. 生产过程

   C. 销售过程　　　　　　　　　D. 资金投入与退出过程

93. 债务是指由过去交易、事项形成的，企业需要以（　　）偿还的现时义务。

   A. 资本或劳务　　　　　　　　B. 资产或债权

   C. 收入或劳务　　　　　　　　D. 资产或劳务

94. 下列各项内容中，不属于会计核算具体内容的是（   ）。

    A. 收入的计算   B. 资本的增减

    C. 财务成果的计算   D. 制订企业计划

二、多项选择题

1. 工业企业的资金运动包括（   ）。

    A. 资金循环与周转   B. 资金的投入

    C. 资金的耗用   D. 资金的退出

2. 下列各项属于资金退出的是（   ）。

    A. 向所有者分配利润   B. 偿还各项债务

    C. 上交各项税费   D. 购买材料

3. 企业所有者权益包括（   ）。

    A. 实收资本   B. 资本公积

    C. 盈余公积   D. 未分配利润

4. 资产应具备的基本特征有（   ）。

    A. 由企业过去的交易或事项形成

    B. 必须是投资者投入的

    C. 由企业拥有或控制

    D. 预期能给企业带来经济利益

5. 下列反映企业财务状况的会计要素是（   ）。

    A. 所有者权益   B. 资产   C. 财务费用   D. 负债

6. 企业在取得收入时可能影响到的会计要素是（   ）。

    A. 资产   B. 负债   C. 所有者权益   D. 费用

7. 下列项目中，属于资产范围的有（   ）。

    A. 融资租入的设备   B. 经营租入的设备

    C. 委托加工商品   D. 无形资产

8. 下列各项中，属于非流动负债的是（   ）。

    A. 应付债券   B. 长期应付款

    C. 应付股利   D. 应付账款

9. 下列各项反映经营成果的会计要素是（   ）。

    A. 利润   B. 费用   C. 收入   D. 所有者权益

10. 资金运动包括（   ）。

    A. 资金的投入   B. 资金的退出

    C. 资金的循环和周转   D. 财务预算

11. 下列说法中，正确的是（   ）。

    A. 会计科目不仅表明了本身的核算内容，也决定着其自身的结构

    B. 会计科目的名称也就是账户名称

    C. 会计科目和账户所反映的经济内容是相同的

　　D. 账户是分类核算经济业务的工具

12. 会计科目按其所归属的会计要素不同，可分为（　　　　）。

　　A. 所有者权益类　　　　　　　　　B. 负债类

　　C. 损益类　　　　　　　　　　　　D. 成本类

13. 会计科目按其所提供信息的详细程度及其统驭关系不同，分为（　　　　）科目。

　　A. 总分类　　　　B. 明细分类　　　　C. 损益类　　　　D. 成本类

14. 会计科目的设置原则包括（　　　　）。

　　A. 实用性　　　　B. 相关性　　　　C. 合法性　　　　D. 一致性

15. 按记录经济业务方式的不同，记账方法可以分为（　　　　）。

　　A. 单式记账法　　　　　　　　　　B. 收付记账法

　　C. 增减记账法　　　　　　　　　　D. 复式记账法

16. 有关借贷记账法的说法正确的是（　　　　）。

　　A. 采用"借""贷"作为记账符号

　　B. 借贷记账法以"资产＝负债＋所有者权益"这一会计等式作为理论依据

　　C. 记账规则是"有借必有贷，借贷必相等"

　　D. 借贷记账法是我国会计核算的法定记账方法

17. 有关资产类账户说法正确的有（　　　　）。

　　A. 借方登记资产金额的增加　　　　B. 贷方登记资产金额的减少

　　C. 期末余额一般在借方　　　　　　D. 借方登记资产金额的减少

18. 收到投资人投入固定资产10万元，正确的说法有（　　　　）。

　　A. 借记"固定资产"10万元　　　　B. 贷记"实收资本"10万元

　　C. 贷记"固定资产"10万元　　　　D. 借记"实收资本"10万元

19. 某经济业务发生后，一个资产账户记借方，则有可能（　　　　）。

　　A. 另一个资产账户记贷方　　　　　B. 另一个负债账户记贷方

　　C. 另一个所有者权益账户记贷方　　D. 另一个资产账户记借方

20. 某经济业务发生后，一个负债账户记贷方，则有可能（　　　　）。

　　A. 另一个资产账户记借方　　　　　B. 另一个负债账户记借方

　　C. 另一个所有者权益账户记借方　　D. 另一个资产账户记贷方

21. 会计分录包括（　　　　）。

　　A. 简单会计分录　　　　　　　　　B. 复合会计分录

　　C. 单式分录　　　　　　　　　　　D. 混合分录

22. 试算平衡表无法发现的错误有（　　　　）。

　　A. 漏记某项经济业务　　　　　　　B. 重记某项经济业务

　　C. 颠倒记账方向　　　　　　　　　D. 漏记一个借方余额

23. 有关总分类账户和明细分类账户的关系，以下说法正确的有（　　　　）。

　　A. 总分类账户对明细分类账户具有统驭控制作用

　　B. 明细分类账户对总分类账户具有补充说明作用

　　C. 总分类账户与其所属明细分类账户在总金额上应当相等

D. 总分类账户与明细分类账户所起的作用不同

24. 余额试算平衡法的公式是（   ）。

A. 全部账户期初借方余额合计＝全部账户期初贷方余额合计

B. 全部账户期末借方余额合计＝全部账户期末贷方余额合计

C. 全部账户本期借方发生额合计＝全部账户本期贷方发生额合计

D. 全部账户期初借方余额合计＝全部账户期末贷方余额合计

25. 借贷记账法的试算平衡方法有（   ）。

A. 发生额试算平衡法   B. 余额试算平衡法

C. 增加额试算平衡法   D. 减少额试算平衡法

26. 某公司月末编制试算平衡表时，因"库存现金"账户的余额计算不正确，导致试算平衡表中月末借方余额合计为 165 000 元，而全部账户月末贷方余额合计为 160 000 元，则"库存现金"账户（   ）。

A. 为借方余额   B. 为贷方余额

C. 借方余额为 5 000 元   D. 借方余额多记 5 000 元

27. 某企业 9 月月末编制的试算平衡表如表 2－2 所示：

表 2-2   试算平衡表   单位：元

账户名称	期初余额		本期发生额		期末余额	
	借方	贷方	借方	贷方	借方	贷方
银行存款	80 000		100 000		180 000	
应收账款	70 000		①		②	
原材料	50 000		80 000		130 000	
短期借款				90 000		90 000
实收资本		200 000		100 000		300 000
合　计	200 000	200 000		190 000		390 000

则下列计算正确的是（   ）。

A. ① ＝ 190 000 － 100 000 － 80 000 ＝ 10 000

B. ① ＝ 200 000 － 190 000 ＝ 10 000

C. ② ＝ 70 000 ＋ 10 000 － 0 ＝ 80 000

D. ② ＝ 390 000 － 180 000 － 130 000 ＝ 80 000

28. 每笔会计分录都包括（   ）。

A. 会计账户   B. 记账符号   C. 记账金额   D. 核算方法

29. 单式记账法的记账特点可以概括为（   ）。

A. 只反映一部分经济业务   B. 只反映经济业务的一个方面

C. 没有完整的账户体系   D. 不能进行试算平衡

30. （   ），属于只引起会计等式左边会计要素变动的经济业务。

A. 购买材料 900 元，货款暂欠

B. 从银行提取现金 800 元备用

C. 购买机器一台，价款 9 万元以银行存款支付

D. 接受国家投资 500 万元

31. (　　　　)，属于引起会计等式左右两边会计要素变动的经济业务。

A. 收到某单位前欠货款 5 万元存入银行

B. 以银行存款偿还短期借款 10 万元

C. 收到某单位投入机器一台，价值 50 万元

D. 以银行存款偿还前欠货款 10 万元

32. (　　　　) 属于正确的会计等式。

A. 资产＝权益

B. 资产＝负债＋所有者权益

C. 收入－费用＝利润

D. 资产＝负债＋所有者权益＋（收入－费用）

33. 所有者权益与负债有着本质的不同，即 (　　　　)。

A. 两者性质不同　　　　　　　　B. 两者偿还期不同

C. 两者享受的权利不同　　　　　D. 两者风险程度不同

34. 下列经济业务中，会引起会计等式右边会计要素发生增减变动的业务有 (　　　　)。

A. 以银行存款 6 万元偿还前欠货款

B. 某企业将本企业所欠货款 10 万元转作投入资本

C. 将资本公积 8 万元转增资本

D. 取得银行借款 5 万元，存入银行

35. (　　　　) 属于流动资产的内容。

A. 存放在银行的存款　　　　　　B. 存放在仓库的材料

C. 厂房和机器设备　　　　　　　D. 企业的应收账款

36. 在我国对外提供财务报表的会计要素包括 (　　　　)。

A. 利润分配　　　　　　　　　　B. 收入、费用、利润

C. 成本　　　　　　　　　　　　D. 资产、负债、所有者权益

37. 以下经济业务的发生，不会破坏资产总额与负债、所有者权益总额平衡的有 (　　　　)。

A. 经济业务发生，引起资产项目之间此增彼减相等金额的

B. 经济业务发生，引起负债及所有者权益项目之间此增彼减相等金额的

C. 经济业务发生，引起资产与负债及所有者权益项目同时增加相等金额的

D. 经济业务发生，引起资产与负债及所有者权益项目同时减少相等金额的

38. 下列各项可作为负债要素特征的有 (　　　　)。

A. 由过去的交易或事项引起的偿还义务

B. 由将来的交易或事项引起的偿还义务

C. 清偿负债会导致经济利益流出企业

D. 负债的清偿一定要有确切的金额

39. 下列各项中属于所有者权益的项目有（　　　　　）。

    A. 形成的利润　　　　　　　　　　B. 出现的亏损

    C. 对利润的分配　　　　　　　　　D. 投资者投入资本

40. 下列经济业务发生，使资产和权益总额不变的有（　　　　　）。

    A. 从银行取得借款 60 000 元，存入银行

    B. 以银行存款 40 000 元偿还前欠材料款

    C. 从银行提取现金 800 元

    D. 以银行存款 50 000 元购买材料

41. 下列经济业务中，不会引起会计等式两边同时发生增减变动的有（　　　　　）。

    A. 收到前欠货款 5 万元存入银行　　B. 从银行借款 9 万元存入银行

    C. 从银行提取现金 800 元备用　　　D. 购进材料 4 万元，款未付

42. 下列经济业务中，引起资产一增一减的有（　　　　　）。

    A. 以银行存款 4 万元购买设备一台　B. 从银行提取现金 600 元

    C. 以银行存款 3 万元购买材料一批　D. 以银行存款 2 万元偿还前欠货款

43. 引起资产与权益同时增加的经济业务有（　　　　　）。

    A. 投资者投入资本 30 万元存入银行

    B. 向银行取得短期借款 8 万元存入银行

    C. 以银行存款 2 万元支付职工工资

    D. 购买原材料 4 万元已入库，货款尚未支付

44. 下列经济业务，属于资产和权益同时减少的有（　　　　　）。

    A. 收到前欠货款 6 万元存入银行　　B. 以银行存款 5 万元上缴税费

    C. 用银行存款 4 万元归还银行借款　D. 用银行存款 3 万元归还应付账款

45. 下列经济业务，属于资产和负债同时增加的有（　　　　　）。

    A. 向银行取得流动资金借款 5 万元　B. 收回债权 3 万元存入银行

    C. 从银行提取现金 600 元备用　　　D. 购入材料 4 万元款未付

46. 下列不是企业所使用的总分类会计科目的有（　　　　　）。

    A. 机器设备　　　B. 现金　　　　C. 产成品　　　　D. 应交税费

47. （　　　　　）的说法是正确的。

    A. 本期的期末余额即为下期的期初余额

    B. 如果账户在左方记录增加额，则在右方记录减少额

    C. 账户的余额一般与记录增加额在同一方向

    D. 会计科目仅仅是对会计要素进行具体分类的项目名称

48. 在会计工作中，账户一般包括（　　　　　）。

    A. 账户的名称　　　　　　　　　　B. 日期、凭证字号

    C. 摘要　　　　　　　　　　　　　D. 增加和减少的金额及余额

49. 借贷记账法的基本内容通常包括（　　　　　）。

    A. "借""贷"记账符号　　　　　　　B. 记账规则

C. 账户结构   D. 试算平衡

50. 账户借方登记（   ）。
    A. 资产增加   B. 负债减少
    C. 所有者权益增加   D. 所有者权益减少

51. 账户贷方登记（   ）。
    A. 负债增加   B. 资产减少
    C. 所有者权益增加   D. 资产增加

52. 企业发生的各种经济业务虽然多种多样，但不外乎有以下几种类型（   ）。
    A. 资产与负债或所有者权益同时增加
    B. 资产中有关项目有增有减
    C. 资产与负债或所有者权益同时减少
    D. 负债或所有者权益中有关项目有增有减

53. （   ）属于资产中有关项目有借有贷的经济业务。
    A. 收到某单位还来欠款 1 万元
    B. 向银行借入短期借款 2 万元
    C. 以银行存款 5 万元购买机器一台
    D. 从银行提取现金 800 元

54. （   ）属于资产与负债同时减少的经济业务。
    A. 以银行存款 10 万元偿还前欠货款
    B. 以银行存款 5 万元偿还银行借款
    C. 收回以前投资设备价值 10 万元
    D. 向某企业投资设备一台价值 15 万元

55. 借贷记账法的试算平衡可按（   ）公式进行。
    A. 全部账户本期借方发生额合计＝全部账户本期贷方发生额合计
    B. 全部账户增加额合计＝全部账户减少额合计
    C. 全部账户期末借方余额合计＝全部账户期末贷方余额合计
    D. 资产账户发生额合计＝负债和所有者权益账户发生额合计

56. 无法通过试算平衡发现的错误有（   ）。
    A. 某项经济业务未入账
    B. 某项经济业务重复入账
    C. 借贷双方同时少记或多记相等金额
    D. 应借、应贷科目使用错误

57. 下列各项记账差错中，运用借贷记账法试算平衡可查出其错误的有（   ）。
    A. 在过账时误将借方数额过入贷方
    B. 一笔经济业务的记录全部被漏记
    C. 一笔经济业务的记录借贷双方金额同时多记
    D. 某一账户借方或贷方本期发生额的计算有误

58. 在借贷记账法下，账户的基本结构包括（   ）。

  A. "借方"栏   B. "贷方"栏

  C. "摘要"栏   D. "余额"栏

59. 下列说法正确的有（　　　　　）。

  A. 总分类科目和明细分类科目都是由财政部统一制定的

  B. 总分类科目对明细分类科目具有统驭和控制作用

  C. 总分类科目提供总括信息

  D. 明细分类科目提供详细信息

60. 会计分录形式有（　　　　　）。

  A. 一借一贷   B. 一借多贷   C. 多借一贷   D. 多借多贷

61. 下列关于企业的作用说法正确的是（　　　）。

  A. 企业是市场经济活动的主要参与者

  B. 企业是社会生产、流通和服务的主要承担者

  C. 企业是推动社会经济技术进步的主要力量

  D. 企业的目标主要是创造财富（或价值）

62. 下列属于个人独资企业缺点的有（　　　）。

  A. 需要业主对企业债务承担无限责任

  B. 难以从外部获得大量资金用于经营

  C. 所有权的转移比较困难

  D. 企业的生命有限，将随着业主的死亡而自动消亡

63. 下列属于公司制企业优点的有（　　　）。

  A. 所有者对公司承担的责任以其出资额为限，承担有限债务责任

  B. 容易转让所有权

  C. 企业融资渠道较多，更容易筹集所需资金

  D. 企业可以无限存续，最初的所有者和经营者退出后，公司仍可以继续存在

64. 下列各项中，属于会计对象的有（　　　　）。

  A. 社会再生产过程中的资金运动

  B. 社会再生产过程中的价值运动

  C. 社会再生产过程中的所有经济活动

  D. 社会再生产过程中能以货币表现的经济活动

65. 下列各项中，属于有价证券的有（　　　）。

  A. 银行汇票存款   B. 国库券

  C. 股票   D. 企业债券

66. 财物是财产物资的简称，下列属于财物的有（　　　）。

  A. 应收及预付款项   B. 库存商品

  C. 固定资产   D. 无形资产

67. 财务成果的计算和处理包括（　　　）。

  A. 利润的计算   B. 所得税的计算

  C. 利润分配   D. 亏损弥补

三、判断题

1. 凡是特定对象能够以货币表现的经济活动，都是会计核算与监督的内容。(　　)

2. 资产是指由于过去、现在、将来的事项和交易形成的、由企业拥有或控制的、预期会给企业带来经济利益的资源。(　　)

3. 会计要素就是财务报表构成的基本单位。(　　)

4. "收入－费用＝利润"这一会计等式是复式记账法的理论基础，也是编制资产负债表的依据。(　　)

5. 会计科目与账户都是对会计对象具体内容的科学分类，两者口径一致，性质相同，具有相同的格式和结构。(　　)

6. 复式记账法是以资产与权益平衡关系作为记账基础，对发生的每一笔经济业务，都要在两个或两个以上相互联系的账户中进行登记，系统地反映资金运动变化结果的一种记账方法。(　　)

7. 借贷记账法是世界通用的记账方法，也是我国的法定记账方法。(　　)

8. 资产类账户借方登记金额表示该账户金额的增加，贷方登记金额表示该账户金额的减少。(　　)

9. 负债类账户借方登记金额表示该账户金额的增加，贷方登记金额表示该账户金额的减少。(　　)

10. 权益类账户发生增加额时登记在该账户的贷方，发生减少额时登记在该账户的借方，其余额一般出现在账户的贷方。(　　)

11. 费用（成本）类账户期末一般无余额，如果有余额，则期末一般在贷方。(　　)

12. 对每个账户来说，期初余额只可能在账户的一方：借方或贷方。(　　)

13. 借贷记账法的记账规则是"有借必有贷，借贷必相等"。(　　)

14. 所有账户的左边均记录增加额，右边均记录减少额。(　　)

15. 账户的基本结构是增加、减少、余额，账户的格式设计即这三方面的内容。(　　)

16. 会计科目仅是名称而已，若要体现会计要素的增减变化及变化后的结果则要借助于账户。(　　)

17. 编制试算平衡表，如果试算不平衡，则账户记录或计算一定有错误；如果试算平衡，可大体推断账户记录正确，但不能绝对保证账户记录无误。(　　)

18. 一个复合分录可以分解为几个简单分录。(　　)

19. 企业只能编制一借一贷、一借多贷、多借一贷的会计分录，而不能编制多借多贷的会计分录。(　　)

20. 费用（成本）类账户结构与资产类账户结构相同，收入类账户结构与权益类账户相同。(　　)

21. 权益类账户期末余额＝期初余额＋本期贷方发生额－本期借方发生额。(　　)

22. 试算平衡表中借贷发生额合计如果平衡，说明记账肯定没有错误。(　　)

23. 经济业务不会引起资产与权益有增有减的变化。(　　)

24. 在借贷记账法下，可以开设双重性质的账户。(　　)

25. 不应将反映不同类型的经济业务，合并编成多借多贷的会计分录。(　　)

26. 账户对应关系是指某个账户内的借方与贷方的相互关系。（　　　）

27. 一借多贷或多借一贷的会计分录不能反映账户的对应关系。（　　　）

28. "借""贷"两字不仅是记账符号，其本身的含义也应考虑，"借"只能表示债权增加，"贷"只能表示债务增加。（　　　）

29. 对于一项经济业务事项，如果在一个账户中登记了借方，必须同时在另一个或几个账户中登记贷方。（　　　）

30. 任何只在借方或贷方登记，而无对应的贷方或借方记录，或者借贷金额不相等的记录，都是错误的会计记录。（　　　）

31. 一个会计主体一定时期内的全部账户的借方发生额合计与贷方发生额合计一定相等。（　　　）

32. 实际工作中，余额试算平衡通过编制试算平衡表进行。（　　　）

33. 在实务中，会计分录是填制在记账凭证上的。（　　　）

34. 通过同时登记，可以使总分类账户与其所属明细分类账户保持统驭关系和对应关系，便于核对和检查，纠正错误和遗漏。（　　　）

35. 总分类账户本期发生额与其所属明细分类账户本期发生额合计相等。（　　　）

36. 总分类账户期初期末余额与其所属明细分类账户期初期末余额合计未必相等。（　　　）

37. 对每一项经济业务，记入总分类账户的同时必须记入明细分类账户。（　　　）

38. 总分类账户登记在借方，其所属的明细分类账户可以登记在贷方。（　　　）

39. 单式记账法也需要设置完整的账户体系。（　　　）

40. 制造企业与流通企业资金运动规律完全相同。（　　　）

41. 会计要素中既有反映财务状况的要素，也有反映经营成果的要素。（　　　）

42. 所有者权益是指企业投资人对企业资产的所有权。（　　　）

43. 与所有者权益相比，债权人无权参与企业的生产经营管理和收益分配，而所有者权益则相反。（　　　）

44. 企业取得收入，意味着利润便一定会形成。（　　　）

45. 资产、负债与所有者权益的平衡关系是企业资金运动的静态反映，如考虑收入、费用等动态要素，则资产与权益总额的平衡关系必然被破坏。（　　　）

46. 企业以银行存款 9 万元购买设备一台。该项经济业务会引起会计等式左右两方会计要素发生一增一减的变化。（　　　）

47. 企业收到某单位还来前欠货款 5 万元，该项经济业务会引起会计等式左右两方会计要素同时增加。（　　　）

48. 不管是什么企业发生任何经济业务，会计等式的左右两方金额永远不变，永远相等。（　　　）

49. 为了满足会计核算的要求，会计科目的设置越多越好。（　　　）

50. 所有的账户都是依据会计科目开设的。（　　　）

51. 如果账户需设计账户名称，则该名称即为会计科目名称。（　　　）

52. 会计科目按其经济内容分类，可以分为总分类科目和明细分类科目。（　　　）

53. 账户中的本期增加发生额，是增减相抵后的净增加额。（　　）

54. 企业不论采用何种记账方法，也不论是何种性质的账户，其基本结构总是相同的。（　　）

55. 成本和费用是同一个概念。（　　）

56. 借贷记账法账户的基本结构是：每一个账户的左边均为借方，右边为贷方。（　　）

57. 一个账户的借方如果用来记录增加额，其贷方一定用来记录减少额。（　　）

58. 一般来讲，各类账户的期末余额与记录增加额的一方在同一方向。（　　）

59. 企业所有者权益类账户的期末余额在贷方。（　　）

60. 负债及所有者权益类账户的结构应与资产类账户的结构一致。（　　）

61. 企业是从事生产、流通、服务等经济活动，以生产或服务满足社会需要，实行自主经营、独立核算、依法设立的一种营利性的经济组织。（　　）

62. 企业按照所有制结构可分为个人独资企业、合伙企业、公司制企业。（　　）

63. 资金退出既是资金运动的终点，又是资金运动的起点。（　　）

64. 会计上的资本是指所有者权益中的投入资本。（　　）

65. 成本是企业为生产产品、提供劳务而发生的各种耗费，因而企业发生的各项费用都是成本。（　　）

四、名词解释

1. 会计对象：

2. 复式记账法：

3. 会计要素：

4. 资产：

5. 负债：

6. 所有者权益：

7. 收入：

8. 费用：

9. 利润：

10. 会计等式：

11. 会计科目：

12. 会计账户：

13. 借贷记账法：

14. 会计分录：

15. 试算平衡：

五、简答题

1. 简述制造企业的资金运动规律。

2. 简述会计要素的具体特征。

3. 简述经济业务的发生对会计等式的影响。

4. 借贷记账法的基本内容是什么？

六、项目实训

实　训　一

（一）目的：练习复式记账法。

（二）资料：表 2-3 是一个大学生 20××年第一学期的现金收支记录。

表 2-3　现金收支记录表

单位：元

日　期	摘要	收入	支出	余　额
9 月 3 日	开学初现金			9 000
9 月 4 日	上交学费		6 025	2 975
9 月 5 日	充值饭卡		200	2 775
9 月 6 日	买棉被		200	2 575
9 月 7 日	买电话卡		50	2 525
9 月 28 日	充值饭卡		250	2 275

续表

日　期	摘要	收入	支出	余　额
9 月 30 日	回家路费		35	2 240
10 月 8 日	返校路费		35	2 205
10 月 8 日	充值饭卡		400	1 805
10 月 12 日	篮球队聚餐		20	1 785
10 月 20 日	充值网卡		8	1 777
10 月 25 日	充值电话卡		20	1 757
10 月 28 日	充值饭卡		450	1 307
11 月 2 日	交社团活动经费		25	1 282
11 月 3 日	交手机话费		30	1 252
11 月 5 日	买衣服		180	1 072
11 月 8 日	交班费		50	1 022
11 月 9 日	买吉他		360	662
11 月 10 日	体协聚餐		40	622
11 月 11 日	捐款		20	602
11 月 13 日	理发		70	532
11 月 14 日	家长寄钱	1 500		2 032
11 月 28 日	充值饭卡		500	1 532
12 月 1 日	做兼职	50		1 582
12 月 5 日	充值饭卡		300	1 282
12 月 5 日	买电话卡		35	1 247
12 月 14 日	买零食		12	1 235
12 月 16 日	买礼物		50	1 185
12 月 24 日	同学聚餐		20	1 165
12 月 29 日	买澡票费		40	1 125
次年 1 月 3 日	购买学习资料		25	1 100
次年 1 月 13 日	给父母带礼物		150	950
次年 1 月 13 日	回家路费		40	910
合　计		1 550	9 640	910

（三）要求：根据你所理解的复式记账的记账原理，对表 2-3 的现金收支记录进行复式记账，并进行简单试算。

实　训　二

（一）目的：熟悉资产的内容和种类。

（二）资料：宏达公司 20×× 年 12 月 31 日的资产如下。

1. 厂房一栋价值 800 000 元。
2. 银行存款 189 500 元。
3. 库存原材料 500 吨，价值 88 000 元。
4. 尚未收回的货款 30 000 元。
5. 三年期国库券 50 000 元。
6. 土地使用权价值 500 000 元。
7. 生产甲产品专利权价值 200 000 元。
8. 库存甲产品 1 000 件，价值 125 600 元。
9. 库存零用现金 2 600 元。
10. 尚未兑付的应收票据 3 张，价值 559 000 元。
11. 预付货款 40 000 元。
12. 在产品 200 件，价值 89 600 元。
13. 某公司股票 120 000 元，拟于半年后出售。
14. 机器设备 5 台，价值 250 000 元。

（三）要求：指出上述资产项目归属的资产种类。

实　训　三

（一）目的：熟悉负债和所有者权益的内容和种类。

（二）资料：宏淼公司 20×× 年 12 月 31 日的负债和所有者权益构成如下。

1. 欠付原材料供应单位货款 68 000 元。
2. 投资者甲投入的资本金 500 000 元。
3. 需在两年后偿还的银行借款 400 000 元。
4. 应付票据 4 张，金额 420 000 元。
5. 预收购货单位货款 90 000 元。
6. 投资者乙投入的资本金 300 000 元。
7. 向投资者分配利润 30 000 元。
8. 计提短期银行借款利息 5 000 元。
9. 资本溢价 82 500 元。
10. 应缴纳税费 4 500 元。
11. 盈余公积金 123 000 元。

12. 需在半年后偿还的银行借款 150 000 元。

（三）要求：指出上述项目中哪些归属负债项目，哪些归属所有者权益项目，并对负债项目按流动负债和长期负债分类。

实 训 四

（一）目的：掌握会计要素的确认。

（二）资料：嘉华公司 20×× 年 9 月相关会计要素项目如表 2-4 所示。

表 2-4　会计要素相关项目表　　　　　　　　　　　　单位：元

内　　容	资产金额	负债金额	所有者权益金额
1. 厂房一幢，价值 1 000 000 元			
2. 银行存款 100 000 元			
3. 库存原材料 10 吨，价值 350 000 元			
4. 尚未收回的货款 300 000 元			
5. 土地使用权，价值 600 000 元			
6. 生产甲产品专利权，价值 450 000 元			
7. 向银行借入三个月借款 700 000 元			
8. 投资者投入资本 2 100 000 元			
9. 以前年度未分配利润 200 000 元			
10. 库存甲产品 200 件，价值 200 000 元			
11. 欠职工工资 90 000 元			
12. 应付福达公司货款 80 000 元			
13. 库存零用现金 2 000 元			
14. 库存包装物 50 000 元			
15. 尚未兑现的应收票据 1 张，价值 150 000 元			
16. 在产品 10 件，价值 25 000 元			
17. 应交税费 77 000 元			
18. 某公司股票 100 000 元，拟于半年后出售			
19. 收到包装物押金 30 000 元			
20. 预收货款 50 000 元			
合　　计			

（三）要求：指出表 2-4 中所列内容各属于资产、负债、所有者权益中的哪一个项目，并在相应的栏目里填写金额，最后计算合计数。

实　训　五

（一）目的：熟悉会计要素及其变动情况。

（二）资料：耀华公司某月发生下列经济业务。

1. 向银行借入短期借款 300 000 元，存入银行。

2. 收到投资者以货币资金投入的资本 500 000 元，存入银行。

3. 购买机器设备一台，价值 400 000 元，款项尚未支付。

4. 以银行存款支付前欠某单位货款 60 000 元。

5. 收到客户预付的购货款 50 000 元，存入银行。

6. 从银行提取现金 4 000 元。

7. 收到客户还来前欠货款 60 000 元，存入银行。

8. 以银行存款购买原材料一批，价值 200 000 元。

（三）要求：判断上述业务涉及哪些具体会计要素，将发生的增减变化填入表 2-5 相应的栏内。

表 2-5　会计要素分类表

序号	资产	负债	所有者权益
1（例）	银行存款增加	短期借款增加	
2			
3			
4			
5			
6			
7			
8			

实　训　六

（一）目的：熟悉和掌握会计等式的关系。

（二）要求：填列表 2-6 括号中的数据。

表2-6　会计等式表

单位：元

序号	资产	负债	所有者权益
1	339 000	85 000	（　　　）
2	（　　　）	154 000	36 000
3	259 680	（　　　）	80 680
4	（　　　）	532 850	47 950
5	964 987	538 987	（　　　）
6	969 780	（　　　）	500 000

实　训　七

（一）目的：熟悉经济业务变化的类型。

（二）资料：华中公司发生的经济业务如下。

1. 购买原材料一批 80 000 元，货款尚未支付。

2. 将资本公积金 60 000 元转作资本金。

3. 以银行存款 90 000 元购入机器设备一台。

4. 从银行借入短期借款 100 000 元。

5. 以银行存款偿还应付账款 80 000 元。

6. 以银行存款支付前欠货款 60 000 元。

7. 收到投资者追加的投资 500 000 元，存入银行。

8. 从银行提取现金 4 000 元备用。

9. 将无力偿还的应付票据 75 000 元转作应付账款。

10. 业务员小王出差向出纳预借差旅费 3 000 元，以现金支付。

11. 某客户将公司对客户的欠款 40 000 元转作对公司的投资。

12. 经股东大会决定，向投资者分配现金股利 50 000 元。

（三）要求：判断上述经济业务属于哪种类型，填入表2-7中。

表2-7　经济业务类型表

经济业务序号	经济业务类型

续表

经济业务序号	经济业务类型

实 训 八

（一）目的：熟悉经济业务的发生对会计等式的影响。

（二）资料：顺达商店20××年年初开业，3月发生的6笔经济业务列示在下列等式里。

$$资产　　　　　=　负债　+　所有者权益$$

银行存款 + 应收账款 + 存货 + 固定资产 = 应付账款 + 实收资本

	银行存款	应收账款	存货	固定资产	应付账款	实收资本
期初	+10 000	+4 600	+6 600	+10 800	+4 200	+27 800
业务1	+4 000	−4 000				
业务2	−10 000		+10 000			
业务3			+86 000		+86 000	
业务4		+20 000			+20 000	
业务5	−3 500				−3 500	
业务6	+32 000	+4 200				+36 200

（三）要求：

1. 根据上述资料，描述该商店3月发生的经济业务内容。

2. 计算经济业务变动对资产、负债及所有者权益变动的影响结果，并分析变动类型。

实 训 九

（一）资料：三元公司20××年12月31日的资产、负债和所有者权益的状况如表2-8所示。

表 2-8　资产、负债和所有者权益状况表

20×× 年 12 月 31 日　　　　　　　　　　　　　　单位：元

资产	金额	负债及所有者权益	金额
库存现金	3 800	短期借款	38 000
银行存款	210 000	应付账款	25 000
应收账款	35 000	应交税费	1 000
原材料	60 200	长期借款	28 000
库存商品	200 000	实收资本	B
固定资产	A	资本公积	25 000
合　计	720 000	合　计	C

（二）要求：根据表 2-8 回答下列问题。

1. 表 2-8 中应填的数据为：A.＿＿＿＿　B.＿＿＿＿　C.＿＿＿＿。
2. 计算该公司的流动资产总额。
3. 计算该公司的负债总额。
4. 计算该公司的所有者权益总额。

实　训　十

（一）目的：练习经济业务的发生对会计等式的影响。

（二）资料：

1. 振华公司 20×× 年 3 月 1 日有关项目期初余额如表 2-9 所示。

表 2-9　振华公司有关项目期初余额表

20×× 年 3 月 1 日　　　　　　　　　　　　　　单位：元

资产项目	金额	权益项目	金额
库存现金	2 000	短期借款	30 000
银行存款	300 000	应付账款	134 000
应收账款	60 000	应交税费	8 000
原材料	160 000	长期借款	300 000
库存商品	250 000	实收资本	900 000
固定资产	600 000		
合　计	1 372 000	合　计	1 372 000

2. 3 月发生有关经济业务如下。

（1）以银行存款交纳上月税费 8 000 元。

（2）从大华公司购入原材料一批，已验收入库，货款 58 000 元，以银行存款支付。

（3）以银行存款归还到期的长期借款 200 000 元。

（4）收回应收账款 30 000 元，存入银行。

（5）从华凯公司购进原材料一批，已验收入库，货款 60 000 元，尚未支付。

（6）以银行存款偿还前欠外单位货款 34 000 元。

（7）从银行借入短期借款 70 000 元，存入银行。

（8）接受外单位投入机器设备一台，价值 300 000 元。

（9）从银行提取现金 5 000 元备用。

（三）要求：

1. 根据资料 1 各项目所属的类型，将相关内容填入表 2-10 中的第（1）、（2）、（6）、（7）栏。

2. 根据资料 2 计算每个项目的本月增加发生额、本月减少发生额，并填入表 2-10 中的第（3）、（4）、（8）、（9）栏。

3. 根据表 2-9 中资料，计算每个项目的期末余额，并填入表 2-10 中的第（5）、（10）栏。

表 2-10 会计等式表

20×× 年3月 单位：元

资产项目	月初余额	本月增加	本月减少	月末余额	权益项目	月初余额	本月增加	本月减少	月末余额
（1）	（2）	（3）	（4）	（5）	（6）	（7）	（8）	（9）	（10）
合计					合计				

实 训 十 一

（一）目的：进一步熟悉资产、负债和所有者权益的分类，同时熟悉会计科目的核算内容及类别。

（二）资料：华远公司20××年9月30日资产、负债和所有者权益资料如表2-11所示。

（三）要求：

1. 根据资料内容，分清资产、负债和所有者权益，用"√"号填入相应空格内。

2. 根据资料内容，确定会计科目，并填入相应空格内。

表2-11　华远公司资产、负债和所有者权益资料表

20××年9月30日

序号	资料内容	金额／元	资产	负债	所有者权益	会计科目
1	存在银行里的存款	688 000				
2	向银行借入半年期的借款	580 000				
3	库存的材料	290 000				
4	应付给供货单位的款项	350 000				
5	应向购货单位收取的货款	500 000				
6	投资者投入的货币资金	1 500 000				
7	从利润中提取的盈余公积	90 000				
8	应付税务部门的税费	5 600				
9	购入的产品专利权	200 000				
10	投资者投入的生产线	4 000 000				
11	1—9月实现的利润	871 200				
12	厂房、办公楼、仓库	1 440 000				
13	财务部门的库存现金	11 000				
14	制作产品用的原材料	625 000				
15	生产用的机器设备	2 860 000				
16	采购员借用的差旅费	3 800				
17	库存完工的产品	779 000				

实 训 十 二

（一）目的：熟悉经济业务的发生对会计等式的影响。

（二）资料：江华公司20××年12月1日的资产、负债和所有者权益的状况如表2-12所示。

表 2-12 资产、负债和所有者权益状况表

20×× 年 12 月 1 日 单位: 元

资 产	金 额	负债及所有者权益	金 额
库存现金	1 000	短期借款	300 000
银行存款	210 000	应付账款	41 000
应收账款	170 000	预收账款	80 000
原材料	200 000	应交税费	120 000
长期债权投资	90 000	长期借款	180 000
固定资产	450 000	实收资本	500 000
无形资产	200 000	资本公积	100 000
合 计	1 321 000	合 计	1 321 000

1. 购入一批材料金额 50 000 元，材料已入库，货款尚未支付。
2. 购入一批材料金额 70 000 元，材料已入库，货款用银行存款支付。
3. 投资者追加投资投入机器设备一台，价值 100 000 元。
4. 从银行借入短期资金 50 000 元，并存入银行。
5. 收到购货单位归还前欠购货款 60 000 元，并存入银行。
6. 采购员预借差旅费 1 000 元，用现金支付。
7. 用银行存款归还短期借款 100 000 元。
8. 将资本公积 20 000 元转增资本。
9. 用银行存款 20 000 元支付前欠购货款。
10. 用银行存款缴纳应交税费 80 000 元。
11. 从银行提取现金 5 000 元备用。
12. 收到预收货款 10 000 元存入银行。

（三）要求：

1. 根据上述经济业务，逐项分析其对资产、负债及所有者权益三类会计要素增减变动的影响。

2. 计算 12 月月末资产、负债及所有者权益三类会计要素的总额，并列示出会计等式。

实 训 十 三

（一）目的：掌握会计科目的级次。

（二）资料：

1. 江海公司购入生产用钢材，A 型钢 20 吨，单价 2 500 元；B 型钢 14 吨，单价 3 500 元。

2. 该公司产品生产完工，共生产甲产品 100 件，单位成本 500 元；乙产品 80 件，单位成本 2 500 元。

3. 该公司在采购过程中因资金紧张，货款未付，共欠 M 公司货款 86 000 元，欠 N 公司货款 72 000 元。

（三）要求：列明上述资料所涉及的总分类会计科目和明细分类会计科目。

实 训 十 四

（一）目的：明确各账户期末余额与本期发生额的关系。

（二）资料：华海公司 20×× 年 3 月部分账户资料如表 2-13 所示。

表 2-13　账户资料表

20×× 年 3 月　　　　　　　　　　　　　　　　　　　　单位：元

账户名称	期初余额	本期增加发生额	本期减少发生额	期末余额
库存现金	500	800		400
银行存款		26 000	19 000	45 000
应收账款	5 000		4 800	4 500
原材料	46 000	78 000		52 000
固定资产	105 000	120 000	25 000	
短期借款	80 000	50 000		100 000
应付账款	5 400	3 000	3 500	
应付职工薪酬	30 000		34 000	31 000
实收资本		32 500	2 500	100 000

（三）要求：根据上述资料，计算表 2-13 空格中的数字。

实 训 十 五

（一）目的：掌握账户的基本结构。

（二）资料：

1. 20×× 年 3 月 1 日捷达公司"银行存款"账户的期初余额为 82 800 元，3 月该公司发生的银行存款收支经济业务如下。

（1）2 日，向银行送存现金 35 000 元。

（2）5 日，用银行存款支付采购材料款 25 000 元。

（3）10 日，提取现金 5 000 元，备日常零星开支。

（4）15 日，取得转账支票一张，系销售甲产品收入 68 000 元存入银行。

（5）22 日，收到银行计付 1 季度存款利息 2 100 元，转入银行存款户。

（6）28 日，用银行存款 6 500 元支付水电费。

2. 20×× 年 3 月 1 日捷达公司"应付账款"账户的期初余额为 98 000 元，8 月该公司发生的借款和还款业务如下。

（1）1日，购入生产用A钢材，货款58 000元暂欠。

（2）8日，归还欠供应单位部分货款20 000元。

（3）14日，前购A钢材因规格不符，退回其中的20 000元。

（4）20日，归还购入A钢材欠款38 000元。

（5）26日，购入生产中机器设备价款150 000元，其中70 000元用银行存款支付，剩余部分暂欠。

（三）要求：

1. 根据资料1开设"银行存款"T形账户，以左方记录增加额，以右方记录减少额，将上述经济业务登入该账户中，并计算该公司3月31日"银行存款"账户的期末余额。

2. 根据资料2开设"应付账款"T形账户，以右方记录增加额，以左方记录减少额，将上述经济业务登入该账户中，并计算该公司3月31日"应付账款"账户的期末余额。

实 训 十 六

（一）目的：练习掌握账户余额及发生额的计算。

（二）资料：

1. 计算下列账户的期末余额。

借方	库存商品	贷方
期初余额 38 000		
本期发生额 32 000	本期发生额 36 000	

借方	应付账款	贷方
		期初余额 55 000
本期发生额 28 000	本期发生额 22 000	

2. 计算下列账户的期初余额。

借方	短期借款	贷方
期初余额		
本期发生额 80 000	本期发生额 60 000	
	期末余额 20 000	

借方	固定资产	贷方
期初余额		
本期发生额 860 000	本期发生额 58 000	
期末余额 1 480 000		

3. 计算下列账户的本期借方发生额。

借方	应收账款	贷方
期初余额 136 000		
本期发生额	本期发生额 28 000	
期末余额 180 000		

借方	实收资本	贷方
		期初余额 800 000
本期发生额	本期发生额 100 000	
		期末余额 850 000

4. 计算下列账户的本期贷方发生额。

借方	其他应收款	贷方
期初余额　2 000		
本期发生额　4 600	本期发生额	
期末余额　3 200		

借方	资本公积	贷方
	期初余额　6 000	
本期发生额　2 000	本期发生额	
	期末余额　8 000	

5. 德众公司 6 月部分账户资料如表 2-14 所示。

表 2-14　账户资料表

单位：元

账户名称	期初余额	本期借方发生额	本期贷方发生额	期末余额
库存现金	1 800	2 400		2 500
银行存款		53 000	37 000	26 000
应收账款	16 000		15 000	14 000
原材料	10 000	12 500	7 500	
库存商品	18 700	16 000		15 600
短期借款	50 000	30 000		40 000
应付账款	15 600		7 400	13 400
实收资本	50 000		40 000	70 000

（三）要求：根据各类账户的结构，计算并填写上列表 2-14 的空格。

实 训 十 七

（一）目的：掌握借贷记账法的应用。

（二）资料：华宝公司 20×× 年 3 月发生如下经济业务。

1. 向银行申请 6 个月期限的临时周转借款 100 000 元，款已划入企业银行存款账户。

2. 采购员吴华预借差旅费 3 000 元，付给现金。

3. 向本市购入原材料一批，金额 50 000 元，材料已经验收入库，货款尚未支付。

4. 某单位向本企业投入人民币 200 000 元，款已送存开户银行。

5. 以银行存款购入机器设备一台，买价 60 000 元，机器设备已交有关部门验收使用。

6. 以银行存款偿还应付账款 40 000 元，偿还应付票据 60 000 元。

7. 出纳向银行提取现金 3 000 元备用。

8. 购入材料一批，金额 40 000 元，材料已经验收入库，货款用银行存款支付。

9. 生产车间生产甲产品，领用原材料一批，金额 120 000 元。

10. 收到华强公司前欠货款 90 000 元，存入银行。

11. 购入办公用品 200 元，以现金付讫。

12. 业务员张平报销差旅费 1 800 元，交回剩余现金 200 元，结清以前预借差旅费。

（三）要求：根据上列经济业务，编制会计分录。

实 训 十 八

（一）目的：掌握借贷记账法的应用。

（二）资料：华新公司 5 月会计分录如下。

```
 1. 借：原材料                       146 000
        贷：应付账款                         146 000
 2. 借：银行存款                      165 000
        贷：主营业务收入                     165 000
 3. 借：固定资产                      140 000
        贷：实收资本                         140 000
 4. 借：库存现金                        2 000
        贷：银行存款                           2 000
 5. 借：银行存款                      145 000
        应收账款                       25 000
        贷：主营业务收入                     170 000
 6. 借：应付账款                       45 000
        贷：应付票据                          45 000
 7. 借：管理费用                          500
        贷：库存现金                             500
 8. 借：银行存款                      180 000
        贷：短期借款                         180 000
 9. 借：银行存款                       65 000
        贷：应收账款                          65 000
10. 借：主营业务成本                   90 000
        贷：库存商品                          90 000
```

（三）要求：指出每笔经济业务所反映的经济业务内容。

实 训 十 九

（一）目的：练习借贷记账法和试算平衡。

（二）资料：

1. 假定宏达公司 20×× 年 9 月资产、负债和所有者权益账户的期初余额如表 2-15 所示。

2. 9 月该公司发生下列各项经济业务。

（1）购进材料一批，计价 4 000 元，材料已验收入库，货款尚未支付。

表 2-15　账户期初余额表

20×× 年 9 月　　　　　　　　　　　　　　　　　　单位：元

资产类账户	金额	负债和所有者权益类账户	金额
库存现金	400	短期借款	100 000
银行存款	60 000	应付账款	40 000
应收账款	19 600	实收资本	360 000
原材料	80 000		
库存商品	100 000		
生产成本	40 000		
固定资产	200 000		
合　计	500 000	合　计	500 000

（2）从银行提取现金 600 元备用。

（3）仓库发出材料 20 000 元，用于产品生产。

（4）某公司投入新机床一台，计价 40 000 元。

（5）以银行存款归还短期借款 10 000 元。

（6）收到某购货单位偿还前欠货款 5 000 元存入银行。

（7）以银行存款归还某供货单位欠款 3 000 元。

（三）要求：

1. 根据期初余额资料开设有关 T 形账户，并登记期初余额。

2. 根据 9 月发生的各项经济业务，编制会计分录，并根据会计分录登记各有关 T 形账户。

3. 结算出各 T 形账户的本期发生额和期末余额，填入表 2-16 中。

库存现金　　　　　　　　　　　　　　　　　银行存款

应收账款　　　　　　　　　　　　　　　　　原材料

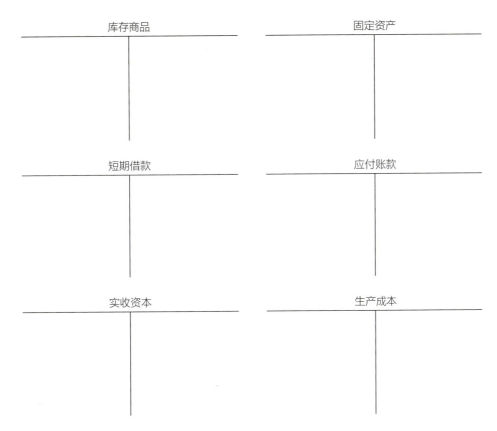

	库存商品		固定资产

	短期借款		应付账款

	实收资本		生产成本

表 2-16 总分类账户本期发生额及余额对照表

20×× 年 9 月　　　　　　　　　　　　　单位: 元

账户名称	期初余额		本期发生额		期末余额	
	借方	贷方	借方	贷方	借方	贷方
库存现金						
银行存款						
应收账款						
原材料						
库存商品						
生产成本						
固定资产						
短期借款						
应付账款						
实收资本						
合　计						

实 训 二 十

（一）目的：了解账户的对应关系，掌握借贷记账法。

（二）资料：吉华公司 20×× 年 1 月第一周的经济业务记录在下列 8 个有关的账户上。

（三）要求：

1. 根据下述账户记录的内容，补编会计分录。

2. 根据账户对应关系说明每笔经济业务的内容。

库存现金			
期初余额	600		
⑦	2 000		

银行存款			
期初余额	23 840	④	3 000
②	20 000	⑥	5 000
③	11 000	⑦	2 000

原材料			
期初余额	10 400	⑤	7 000
①	15 000		
③	9 000		

应付账款			
④	3 000	期初余额	20 000
		①	15 000

实收资本			
		期初余额	200 000
		③	20 000

固定资产			
期初余额	150 000	⑥	5 000

生产成本			
⑤	7 000		

应收账款			
期初余额	26 000	②	20 000

实训二十一

（一）目的：进一步掌握账户的结构，并进行试算平衡。

（二）资料：华鹰公司 20×× 年 1 月各账户的有关资料如表 2-17 所示。

表2-17 账户资料表

20××年1月 单位：元

账户名称	期初余额		本期发生额		期末余额	
	借方	贷方	借方	贷方	借方	贷方
资产：						
库存现金	5 000		10 000		9 000	
银行存款	290 000			82 000		
应收账款				40 000	80 000	
原材料	60 000		165 000		103 000	
固定资产			64 000	22 000	142 000	
负债：						
短期借款			—	—		170 000
应付账款		80 000	83 000			30 000
所有者权益：						
实收资本		300 000	—			380 000
合　计						

（三）要求：根据各类账户的结构，计算并填列表2-17的空格。

实训二十二

（一）目的：练习借贷记账法的应用。

（二）资料：

1. 富达公司20××年5月初有关账户余额如表2-18所示。

表2-18 富达公司有关账户余额表

20××年5月1日 单位：元

资产类	借方余额	权益类	贷方余额
库存现金	4 000	短期借款	400 000
银行存款	290 000	应付账款	144 000
应收账款	90 000	应交税费	40 000
原材料	200 000	长期借款	500 000
库存商品	850 000	实收资本	4 200 000
固定资产	3 850 000		
合　计	5 284 000	合　计	5 284 000

2. 该公司5月发生下列经济业务。

（1）向银行借入5个月短期借款200 000元，存入银行。

（2）从福星公司购入甲材料180 000元，材料已经验收入库，货款尚未支付。

（3）将现金2 000元存入银行。

（4）收到某公司投资1 000 000元，其中设备300 000元，银行存款700 000元。

（5）收到乙公司前欠货款80 000元，存入银行。

（6）以银行存款偿还短期借款100 000元。

（7）以银行存款归还前欠福星公司货款120 000元。

（8）以银行存款交纳上月所得税50 000元。

（9）从华宝公司购入乙材料200 000元，材料已经验收入库，以银行存款支付货款。

（10）以银行存款偿还长期借款300 000元。

（11）购入设备一台，价值100 000元，以银行存款支付。

（12）向银行借款50 000元直接偿还前欠货款。

（三）要求：

1. 根据资料1开设T形账户，并过入期初余额。

库存现金		银行存款	

应收账款		原材料	

库存商品		固定资产	

短期借款

应付账款

应交税费

长期借款

实收资本

2. 根据资料 2 逐笔编制会计分录。

3. 根据会计分录逐笔登记 T 形账户，并结出期末余额。

4. 编制本期发生额及余额试算平衡表，如表 2-19 所示。

表 2-19　本期发生额及余额试算平衡表

20×× 年 5 月 单位：元

账户名称	期初余额		本期发生额		期末余额	
	借方	贷方	借方	贷方	借方	贷方

续表

账户名称	期初余额		本期发生额		期末余额	
	借方	贷方	借方	贷方	借方	贷方

记录企业典型经济业务

一、单项选择题

1. 下列账户中，期末应转入"生产成本"账户的是（ ）。
   A. 制造费用　　　　B. 管理费用　　　C. 财务费用　　　　D. 销售费用

2. 下列费用中，不应计入产品成本的有（ ）。
   A. 直接材料费　　　　　　　　B. 直接人工费
   C. 管理费用　　　　　　　　　D. 制造费用

3. 下列项目中，属于营业外收入的有（ ）。
   A. 销售产品的收入　　　　　　B. 固定资产处置收益
   C. 对外提供劳务的收入　　　　D. 投资收益

4. 下列项目中，属于营业外支出的有（ ）。
   A. 无法收回的应收账款　　　　B. 支付的广告费
   C. 固定资产的盘亏和毁损　　　D. 销售多余材料的成本

5. 以下账户中期末一般无余额的是（ ）。
   A. 应交税费　　　　　　　　　B. 无形资产
   C. 应付利息　　　　　　　　　D. 营业外收入

6. 下列项目中不构成材料采购成本的是（ ）。
   A. 买价　　　　　　　　　　　B. 可抵扣的增值税税额
   C. 消费税　　　　　　　　　　D. 关税

7. 销售产品时应交的消费税，应贷记的账户是（ ）。
   A."主营业务收入"　　　　　　B."税金及附加"
   C."应交税费"　　　　　　　　D."所得税费用"

8."应付职工薪酬"是（ ）科目。
   A. 资产类　　　　　　B. 负债类　　　C. 所有者权益类　　D. 损益类

9. "在途物资"账户期末若有余额，表示（　　　）。

　　A. 已购入但尚未验收入库的材料

　　B. 企业本月及以前各期累计购买的材料金额

　　C. 企业目前尚存的原材料

　　D. 企业已入库和已耗用材料的差额

10. 企业实际收到投资者投入的资金属于企业所有者权益中的（　　　）。

　　A. 固定资产　　　　B. 银行存款　　　　C. 实收资本　　　　D. 盈余公积

11. 企业的净利润是（　　　）。

　　A. 利润总额减所得税费用的差额

　　B. 利润总额减已交所得税的差额

　　C. 利润总额减向投资者分配利润的差额

　　D. 利润总额减提取的盈余公积的差额

12. 利润的确认与计量依赖于（　　　）。

　　A. 收入与费用的确认与计量　　　　B. 收入的确认与计量

　　C. 费用的确认与计量　　　　　　　D. 收入、费用和资产的确认与计量

13. "本年利润"账户的期末贷方余额表示（　　　）。

　　A. 实现的利润总额　　　　　　　　B. 截至本期本年累计实现的利润总额

　　C. 实现的净利润额　　　　　　　　D. 截至本期本年累计实现的净利润额

14. "利润分配"账户年末借方余额表示（　　　）。

　　A. 已分配的利润额　　　　　　　　B. 未分配的利润额

　　C. 未弥补的亏损额　　　　　　　　D. 已实现的净利润

15. 下列各项中应计入管理费用的是（　　　）。

　　A. 审计费　　　　　　　　　　　　B. 专设销售机构人员工资

　　C. 材料采购运费　　　　　　　　　D. 自然灾害损失

16. 某企业本月发生管理费用开支计 85 万元，月末结账后"管理费用"账户（　　　）。

　　A. 月末借方余额 85 万元　　　　　B. 本月贷方发生额为 85 万元

　　C. 月末贷方余额 85 万元　　　　　D. 以上都不对

二、多项选择题

1. 与"在途物资"账户的借方发生对应关系的账户一般有（　　　　）。

　　A. 银行存款　　　B. 预收账款　　　C. 应付票据　　　D. 应付账款

2. 材料采购成本一般包括（　　　　）等内容。

　　A. 买价　　　　　　　　　　　　　B. 采购人员的差旅费

　　C. 装卸费　　　　　　　　　　　　D. 运输费

3. 产品的制造成本包括（　　　　）等项目。

　　A. 构成产品实体的材料消耗　　　　B. 生产工人薪酬

　　C. 车间机器设备的折旧费　　　　　D. 车间照明用电费

4. 企业的期间费用包括（　　　　）。

A. 制造费用　　　　B. 销售费用　　　　C. 管理费用　　　　D. 财务费用

5. 企业产品的构成项目包括（　　　　）。

A. 生产成本　　　　B. 制造费用　　　　C. 直接材料　　　　D. 直接人工

6. 以下费用中应计入销售费用的是（　　　　）。

A. 广告费　　　　　　　　　　　B. 销售机构人员工资

C. 销售机构人员差旅费　　　　　D. 销售产品运杂费

7. 以下费用中应计入财务费用的是（　　　　）。

A. 支付给金融机构的手续费　　　B. 利息支出

C. 汇兑损益　　　　　　　　　　D. 财务人员工资

8. 就工业企业而言，以下税费中应计入税金及附加的是（　　　　）。

A. 增值税　　　　　B. 消费税　　　　　C. 所得税　　　　　D. 城建税

9. 计提固定资产折旧可能涉及的账户包括（　　　　）。

A. 固定资产　　　　B. 累计折旧　　　　C. 制造费用　　　　D. 销售费用

10. 工业企业主要经营过程核算的内容包括（　　　　）。

A. 供应过程的核算　　　　　　　B. 生产过程的核算

C. 资金筹集业务的核算　　　　　D. 销售过程的核算

11. 下列项目中，与"本年利润"账户的贷方对应的账户有（　　　　）。

A. 其他业务收入　　　　　　　　B. 主营业务成本

C. 主营业务收入　　　　　　　　D. 营业外支出

12. 企业实现的净利润要以（　　　　）。

A. 利润的形式分配给投资者　　　B. 所得税的形式上交给国家

C. 资本公积金的形式留给企业　　D. 盈余公积金的形式留给企业

三、判断题

1. 原材料的单位成本是购进原材料时从供货方取得的发票上列明的原材料的单价。（　　　）

2. "营业外收入"账户是用来核算企业发生的与企业生产经营无直接关系的各项收入的账户。（　　　）

3. 核算企业向银行或其他金融机构借入的款项，应通过"应付账款"和"其他应付款"两个账户进行核算。（　　　）

4. 财务成果是企业生产经营活动的最终成果，即利润或亏损。（　　　）

5. "制造费用"和"管理费用"账户的借方发生额都应于期末时采用一定的方法计入产品成本。（　　　）。

6. 企业销售产品向国家缴纳的增值税是通过"税金及附加"账户来核算的。（　　　）

7. 20××年1月31日，"本年利润"账户贷方余额26 000元，表明1月实现的利润总额。（　　　）。

8. 车间领用一般性消耗的材料，在会计处理上应增加管理费用。（　　　）

9. 未分配利润等于"本年利润"账户的贷方余额减去"利润分配"账户的借方余额。（　　　）

10. 盈余公积是从销售收入中提取的公积金。（   ）

11. 企业专设销售机构的固定资产修理费用应计入销售费用。（   ）

12. 企业当年可供分配的利润包括当年实现的净利润和年初未分配利润。（   ）

13. "制造费用"账户属于费用类即损益类账户，故期末必定没有余额。（   ）

14. 企业实现利润，首先应按照国家规定提取盈余公积金。（   ）

四、名词解释

1. 会计处理基础：

2. 收付实现制：

3. 权责发生制：

4. 短期借款：

5. 长期借款：

6. 资本金：

7. 预收账款：

8. 营业利润：

9. 财务成果：

五、简答题

1. 简述材料采购成本的计算过程。

2. 简述制造费用的分配过程。

3. 利润是怎样形成的？

六、项目实训

实 训 一

（一）目的：练习资金的筹集与退出业务的核算。

（二）资料：长征公司系增值税一般纳税人，20××年12月筹集资金业务如下。

1. 收到国家投入货币资金2 000 000元，已存入银行。

2. 取得银行短期借款300 000元，暂存银行。

3. 接受华光公司投入不需安装的新设备一台，经双方协商确认价值为200 000元（假定不考虑增值税）。

4. 临时借款60 000元到期，以银行存款归还。

5. 以银行存款支付投资者利润40 000元。

6. 接受长城公司以某项专有技术作为投资，经评估确认为80 000元。

7. 以银行存款上缴企业所得税15 000元。

（三）要求：根据上述经济业务编制会计分录。

实　训　二

（一）目的：练习供应过程的核算。

（二）资料：长征公司系增值税一般纳税人，20××年12月采购业务如下。

1. 从B公司购入甲材料400千克，单价100元，增值税进项税额为5 200元，开出商业汇票一张抵付货款及增值税。

2. 向下列公司购入甲材料，货款及增值税暂欠：

A公司：400千克，单价100元，增值税5 200元；

C公司：800千克，单价100元，增值税10 400元。

3. 以银行存款支付向A、B、C公司购入甲材料的运输费2 500元（不考虑增值税）。

4. 上述甲材料已到达，验收入库并按实际成本结转。

5. 向A公司购入下列材料，货款及增值税暂欠：

乙材料：2 000千克，单价50元，价款100 000元，增值税13 000元；

丙材料：1 000千克，单价60元，价款60 000元，增值税7 800元。

6. 以银行存款支付乙材料、丙材料共同发生的运输费1 800元（运输费按两种材料的重量比例分摊，不考虑增值税）。

7. 以银行存款偿还上项采购所欠A、C公司的款项。

8. 上项乙材料、丙材料已到达，验收入库并按实际成本结转。

（三）要求：根据上述经济业务编制会计分录。

实　训　三

（一）目的：练习生产过程的核算。

（二）资料：长征公司系增值税一般纳税人，20××年12月生产业务如下。

1. 从仓库发出材料，产品发料单如表3-1所示。

表3-1　产品发料单

20××年12月　　　　　　　　　　　　　　　　金额单位：元

| 材料类别 | A材料 | | | B材料 | | | 合计 |
用途	数量／吨	单价	金额	数量／吨	单价	金额	金额
产品生产领用							
其中：甲产品	50	300	15 000	40	100	4 000	19 000
乙产品	20	300	6 000	60	100	6 000	12 000
生产车间领用				10	100	1 000	1 000
管理部门领用				2	100	200	200
合　计	70	300	21 000	112	100	11 200	32 200

2. 从银行提取现金 16 000 元，以备零星开支使用。

3. 通过银行存款发放本月职工工资 96 000 元。

4. 以银行存款支付生产车间水电费 1 800 元。

5. 分配结转本月人工费用，其中：

生产甲产品工人工资	50 000 元
生产乙产品工人工资	32 000 元
车间管理人员工资	6 000 元
厂部管理部门人员工资	8 000 元
合计	96 000 元

6. 按本月职工工资总额的 14% 计提职工福利费（注：在实际工作中可不计提，采取据实列支，但总额一般不超过 14%，下同）。

7. 计提本月固定资产折旧 2 500 元，其中：车间使用固定资产折旧 1 800 元，厂部管理部门使用固定资产折旧 700 元。

8. 采购员李兵因公出差，暂借差旅费 2 000 元，当即以现金支付。

9. 李兵出差回来，报销差旅费 2 200 元，差额以现金补付。

10. 以银行存款支付公司购买办公用品费 1 300 元。

11. 接银行通知，支付本季度短期借款利息 1 200 元，已从企业银行存款账户划转银行（本季度前两个月已预提了 800 元）。

12. 按产品实际生产工时分配结转本月的制造费用（甲产品生产工时为 12 000 工时，乙产品生产工时为 8 000 工时）。

13. 结转完工产品成本：甲产品 500 件，全部完工并验收入库，结转其生产成本，乙产品未完工。

（三）要求：根据上述经济业务编制会计分录。

实 训 四

（一）目的：练习销售业务及财务成果的核算。

（二）资料：长征公司系增值税一般纳税人，20×× 年 12 月公司销售业务如下。

1. 向星光公司销售 A 产品 1 700 件，单价 500 元，计价款 850 000 元，增值税税额 110 500 元，另用银行存款支付应由本企业负担的运杂费 2 000 元。货已发出，货款尚未收到。

2. 向 M 公司销售 B 产品 1 250 件，单价 400 元，计价款 500 000 元，转让甲材料 400 千克，计价款 20 000 元，增值税税额共计 67 600 元。另以银行存款代垫运费 3 000 元，货已发出，货款尚未收到。

3. 用银行存款支付广告费 60 000 元。

4. 向光明公司发出 A 产品 300 件，单价 500 元，B 产品 200 件，单价 400 元，价款共计 230 000 元，增值税税额 29 900 元，款项已通过银行收回。

5. 结转已销产品的销售成本和转让甲材料的成本，产品单位生产成本：A 产品

300元/件，B产品220元/件；甲材料单位成本40元。

6. 计算并以银行存款缴纳本月应纳增值税税额（其中本月"应交增值税——进项税额"112 000元）。

7. 按本月应纳增值税税额的7%和3%分别计算并结转应纳城市维护建设税和教育费附加。

8. 通过银行收到M公司的违约罚款收入5 000元，按规定作为营业外收入处理。

9. 将各损益类账户余额（除与本实训资料有关的损益类账户外，"管理费用"账户本月借方发生额20 000元，"财务费用"账户本月借方发生额19 000元）结转至"本年利润"账户。

10. 将本月实现的利润（视同于应税所得额）按税率25%计算并结转应交所得税。

11. 按本月税后利润的10%提取盈余公积。

12. 按规定从税后利润中分配给投资者利润80 000元。

13. 年末将"本年利润"账户的余额转入"利润分配"（假设均为本月数）。

14. 年末将"利润分配"账户下各明细账户余额转入"未分配利润"明细账，并计算"未分配利润"明细账户的期末余额（假设均为本月数）。

（三）要求：根据上述经济业务编制会计分录。

实 训 五

（一）目的：综合练习企业典型经营过程核算和成本计算。

（二）资料：长征公司20××年12月1日各总分类账户余额和有关账户明细资料如表3-2所示。

表3-2　总分类账户余额表

20××年12月1日　　　　　　　　　　　　　　　单位：元

账户名称	借方余额	账户名称	贷方余额
库存现金	18 200	短期借款	45 000
银行存款	150 200	应付账款	2 000
应收账款	4 000	其他应付款	300
原材料	250 000	应交税费	1 000
库存商品	180 000	实收资本	1 000 000
固定资产	888 000	盈余公积	35 000
		本年利润	200 200
		累计折旧	206 900
合　计	1 490 400	合　计	1 490 400

"库存商品"账户余额180 000元，其中：

A产品：4 000件，单价20元，计80 000元；

B 产品：10 000 件，单价 10 元，计 100 000 元。

"应收账款"账户余额 4 000 元系新华厂欠款。

"应付账款"账户余额 2 000 元系欠八一厂货款。

本年 12 月发生下列经济业务：

1. 仓库发出主要材料 40 000 元，用于生产 A 产品 21 900 元，生产 B 产品 18 100 元。

2. 仓库发出辅助材料 2 000 元，供车间一般性消耗使用。

3. 从银行提取现金 30 000 元备用。

4. 以银行存款支付职工工资 240 000 元。

5. 向光明厂购入甲材料 14 000 元，增值税 1 820 元，该厂垫付运杂费 1 000 元，货款及运杂费以银行存款支付。材料已验收入库，按实际采购成本转账（运输费不考虑增值税，下同）。

6. 向八一厂购入乙材料 40 000 元，增值税 5 200 元，货款以商业承兑汇票结算，材料尚未到达。

7. 上述乙材料已经到达，用现金支付上述乙材料的搬运费 600 元，并按实际采购成本验收入库。

8. 收到新华厂还来前欠货款 3 000 元存入银行。

9. 用银行存款支付本月应交税费 1 000 元。

10. 结转分配本月职工工资如下：

A 产品生产工人工资	10 000 元
B 产品生产工人工资	10 000 元
车间职工工资	3 000 元
管理部门职工工资	1 000 元
合 计	24 000 元

11. 按工资总额的 14% 计提职工福利费。

12. 计提本月固定资产折旧 3 160 元，其中车间用固定资产折旧 2 380 元，管理部门用固定资产折旧 780 元。

13. 用银行存款支付本月生产车间水电费 1 400 元。

14. 将制造费用按生产工人工资比例分配到 A、B 两种产品成本中。

15. A 产品已全部完工，共 2 000 件，按实际生产成本转账。

16. 出售产品给新华厂，其中 A 产品 1 800 件，每件售价 28 元；B 产品 4 400 件，每件售价 14 元，共计售价 126 560 元（含 13% 的增值税），货款尚未收到。

17. 结转上述销售产品生产成本，A 产品每件 20 元，B 产品每件 10 元，共计 80 000 元。

18. 用现金支付销售产品包装费、装卸费等销售费用 1 100 元。

19. 以银行存款支付临时借款利息 5 000 元。

20. 用银行存款支付企业管理部门业务招待费 1 200 元。

21. 按销售收入计算应交已售产品的消费税税金 5 600 元。

22. 由于自然灾害使辅助材料损坏 300 千克，价值 1 120 元，经上级批准，作非常损失处理（不考虑增值税）。

23. 出售多余材料 2 000 元，增值税 260 元，价款存入银行。同时结转该材料的实际成本 1 500 元。

24. 将 12 月各损益类账户余额转至"本年利润"账户，结出 12 月利润。

25. 按 12 月利润总额的 25% 计算应交所得税，并将"所得税费用"账户余额转入"本年利润"账户。

26. 计算 12 月净利润，并按 12 月净利润的 10% 提取法定盈余公积金。

27. 按照有关规定，向投资者分配利润 5 000 元。

28. 将"本年利润"账户余额转入"利润分配——未分配利润"账户。

29. 将"利润分配"账户下其他明细账户余额转入"利润分配——未分配利润"明细账户，并计算未分配利润。

（三）要求：

1. 根据上述经济业务编制会计分录。

2. 开设 T 字形总分类账户，登记期初余额，并根据上述会计分录登记本期发生额。

3. 计算本期发生额和期末余额，根据总分类账户编制本期发生额及余额对照表（试算平衡表）。

取得或填制原始凭证

一、单项选择题

1. 下列凭证中不能作为原始凭证的是（　　）。

   A. 购销合同　　　　　B. 发票　　　　　　C. 收料单　　　　　D. 发货单

2. 差旅费报销单属于（　　）。

   A. 记账凭证　　　　　B. 自制原始凭证　　C. 外来原始凭证　　D. 累计原始凭证

3. （　　）属于外来原始凭证。

   A. 入库单　　　　　　B. 出库单　　　　　C. 银行收账通知单　D. 发出材料汇总表

4. 企业填制的限额领料单属于（　　）。

   A. 一次凭证　　　　　B. 累计凭证　　　　C. 原始凭证汇总表　D. 外来凭证

5. 收到支票一张偿还前欠销货款，其原始凭证应为（　　）。

   A. 支票正联　　　　　B. 支票存根　　　　C. 银行进账单回单　D. 发票

6. 一次凭证和累计凭证的主要区别是（　　）。

   A. 一次凭证记载两笔经济业务，累计凭证记载多笔经济业务

   B. 累计凭证是自制原始凭证，一次凭证是外来原始凭证

   C. 累计凭证填制的手续是多次完成的，一次凭证填制的手续是一次完成的

   D. 累计凭证是汇总凭证，一次凭证是单式凭证

7. 原始凭证按其取得来源的不同，可以分为（　　）。

   A. 外来原始凭证和自制原始凭证　　　　　B. 单式记账凭证和复式记账凭证

   C. 一次凭证和累计凭证　　　　　　　　　D. 收款凭证、付款凭证和转账凭证

8. 在原始凭证上书写阿拉伯数字，错误的做法是（　　）。

   A. 金额数字前书写货币币种符号

   B. 币种符号与金额数字之间要留有空白

   C. 币种符号与金额数字之间不得留有空白

D. 数字前写有币种符号的，数字后不再写货币单位

9. "¥107 000.30"的大写金额可写为人民币（　　　）。

    A. 拾万柒仟叁角　　　　　　　　　　　　B. 拾万柒仟叁角整

    C. 壹拾万柒仟叁角整　　　　　　　　　　D. 壹拾万柒仟元零叁角整

10. 企业从个人处取得的原始凭证，必须（　　　）。

    A. 有经办单位领导人签名盖章　　　　　B. 加盖本单位公章

    C. 盖有填制人员所在单位的公章　　　　D. 有填制人员的签名或盖章

11. 开出支票偿还前欠购买材料款，其原始凭证为（　　　）。

    A. 支票　　　　　　B. 支票存根　　　　C. 银行进账回单　　　　D. 发票

12. 从银行提取现金，该项经济业务发生时应填制的原始凭证是（　　　）。

    A. 转账支票　　　　B. 现金支票　　　　C. 进账单　　　　D. 汇款单

13. 将现金缴存银行，该项经济业务发生时应填制的原始凭证是（　　　）。

    A. 转账支票　　　　B. 现金支票　　　　C. 现金缴款单　　　　D. 汇款单

14. 填制原始凭证时应做到大小写数字符合规范，填写正确。如大写金额"壹仟零壹元伍角整"，其小写应为（　　　）。

    A. 1 001.50 元　　　B. ¥1 001.50　　　C. ¥1 001.50 元　　　D. ¥1 001.5

15. 仓库保管人员填制的收料单，属于企业的（　　　）。

    A. 外来原始凭证　　　B. 自制原始凭证　　　C. 汇总原始凭证　　　D. 累计原始凭证

16. 原始凭证一般是由（　　　）取得或填制的。

    A. 总账会计　　　　　　　　　　　　　　B. 业务经办单位和人员

    C. 会计主管　　　　　　　　　　　　　　D. 出纳人员

17. 差旅费报销单按填制的手续及内容分类，属于原始凭证中的（　　　）。

    A. 一次凭证　　　　B. 累计凭证　　　　C. 汇总凭证　　　　D. 专用凭证

18. 对外来原始凭证的审核内容不包括（　　　）。

    A. 经济业务的内容是否真实

    B. 填制单位公章和填制人员签章是否齐全

    C. 填制凭证的日期是否真实

    D. 是否有本单位公章和经办人签章

19. 在审核原始凭证时，对于内容不完整、填制有错误或手续不完备的原始凭证，应（　　　）。

    A. 拒绝办理，并向本单位负责人报告　　B. 予以抵制，对经办人员进行批评

    C. 由会计人员重新填制或予以更正　　　D. 予以退回，要求更正、补充或重开

20. 单位在审核原始凭证时，发现外来原始凭证的金额有错误，应由（　　　）。

    A. 接受凭证单位更正并加盖公章　　　　B. 原出具凭证单位更正并加盖公章

    C. 原出具凭证单位重开　　　　　　　　D. 经办人员更正并报领导审批

21. 对原始凭证应退回补充完整或更正错误，属于对（　　　）的处理。

    A. 原始凭证违法行为

    B. 原始凭证真实、合法、合理

    C. 原始凭证不真实、不合法

    D. 真实、合法、合理但不完整的原始凭证

22. 下列内容属于原始凭证"完整性"审核范围的是（　　　　）。

    A. 记录的经济业务是否违反国家法律法规

    B. 记录的经济业务是否违反企业内部制度、计划和预算

    C. 原始凭证是否经填制单位签章，大小写金额是否齐全

    D. 大小写金额是否一致

23. 审核原始凭证所记录的经济业务是否符合企业生产经营活动的需要、是否符合有关的计划和预算，属于（　　　　）审核。

    A. 合理性　　　　　　　　B. 合法性　　　　　　　　C. 真实性　　　　　　　　D. 完整性

24. 下列有关原始凭证错误的更正不正确的是（　　　　）。

    A. 原始凭证记载的各项内容均不得涂改

    B. 原始凭证金额错误的可在原始凭证上更正

    C. 原始凭证错误的应由出具单位重开或更正，更正处加盖出具单位印章

    D. 原始凭证金额错误的不可在原始凭证上更正

25. 下列内容中，不属于原始凭证的审核内容的是（　　　　）。

    A. 凭证是否符合有关的计划和预算

    B. 会计科目使用是否正确

    C. 凭证是否符合规定的审核程序

    D. 凭证是否有填制单位的公章和填制人员签章

26. 会计机构、会计人员对不真实、不合法的原始凭证（　　　　）。

    A. 有权不予受理，并向单位负责人报告　　　　B. 予以退回

    C. 予以纠正　　　　　　　　　　　　　　　　D. 予以反映

27. 下列不符合原始凭证基本要求的是（　　　　）。

    A. 从个人取得的原始凭证，必须有填制人员的签名或盖章

    B. 原始凭证不得涂改、刮擦、挖补

    C. 上级批准的经济合同，应作为原始凭证

    D. 大写和小写金额必须相等

28. 原始凭证不得外借，其他单位如有特殊原因需要使用时，经本单位领导批准后方可（　　　　）。

    A. 外借　　　　　　　　　B. 赠阅　　　　　　　　　C. 购买　　　　　　　　　D. 复制

29. 下列属于专用原始凭证的是（　　　　）。

    A. 银行对账单　　　　　　　　　　　　B. 增值税专用发票

    C. 短期借款利息计提表　　　　　　　　D. 银行进账单收账通知

30. 关于职工王沙出差回来填制的差旅费报销单，下列说法正确的是（　　　　）。

    A. 差旅费报销单的填制日期是出差回来的时间

    B. 差旅费报销单合计的大小写金额要一致

    C. 差旅费报销单是一种累计原始凭证

　　　　D. 差旅费报销单的"附件张数"是出差所附的会议通知、邀请函或学习通知的总张数

二、多项选择题

1. 下列原始凭证中，属于汇总原始凭证的是（　　　　）。
　　A. 限额领料单　　　　　B. 差旅费报销单　　　C. 工资汇总表　　　D. 发出材料汇总表
2. 限额领料单同时属于（　　　　）。
　　A. 原始凭证　　　　　　B. 累计凭证　　　　　C. 一次凭证　　　　D. 自制凭证
3. 原始凭证的主要作用在于（　　　　）。
　　A. 记录经济业务　　　B. 监督经济业务　　　C. 明确经济责任　　D. 作为登账依据
4. 原始凭证按其填制的方法不同，可分为（　　　　）。
　　A. 外来原始凭证　　　B. 一次凭证　　　　　C. 原始凭证汇总表　D. 累计凭证
5. 甲公司从乙公司购买原材料，可能取得的外来原始凭证有（　　　　）。
　　A. 购买原材料发票　　　　　　　　　　B. 购买原材料的运输费发票
　　C. 原材料入库单　　　　　　　　　　　D. 原材料购销合同
6. 原始凭证的内容包括（　　　　）。
　　A. 原始凭证的名称　　　　　　　　　　B. 填制原始凭证的日期
　　C. 应借、应贷的会计科目名称　　　　　D. 接受原始凭证单位的名称
7. 下列事项中，符合有关原始凭证填制要求的是（　　　　）。
　　A. 原始凭证所填列的经济业务内容和数字必须真实可靠，符合实际情况
　　B. 年、月、日要按照填制原始凭证的实际日期填写
　　C. 小写金额为￥20 000.00，大写金额应写成"人民币贰万元整"
　　D. 原始凭证金额有错误的，应采用划线更正法进行更正
8. 原始凭证的填制要求有（　　　　）。
　　A. 记录真实　　　　　　B. 内容完整　　　　　C. 手续完备　　　　D. 书写规范
9. 下列各项中，属于销售商品应填制的原始凭证有（　　　　）。
　　A. 销售商品发票　　　　　　　　　　　B. 销售商品出库单
　　C. 销售商品的货款结算单　　　　　　　D. 销售商品的合同
10. "￥1 680.92"可写成人民币（　　　　）。
　　A. 壹仟陆佰捌拾元零玖角贰分　　　　　B. 壹仟陆佰捌拾元玖毛贰分
　　C. 壹仟陆佰捌拾元玖角贰分　　　　　　D. 壹仟陆佰捌拾零玖角贰分
11. 下列属于原始凭证的有（　　　　）。
　　A. 发出材料汇总表　B. 收料单　　　　　C. 购料合同　　　　D. 限额领料单
12. 限额领料单属于（　　　　）。
　　A. 外来原始凭证　　　B. 自制原始凭证　　　C. 记账凭证　　　　D. 累计原始凭证
13. 下列凭证中属于自制原始凭证的有（　　　　）。
　　A. 工资结算单　　　　B. 领料单　　　　　　C. 产品入库单　　　D. 差旅费报销单
14. 原始凭证的审核内容包括（　　　　）。
　　A. 真实性　　　　　　B. 合法性　　　　　　C. 完整性　　　　　D. 正确性

15. 外来原始凭证的审核内容包括（　　　　　）。

　　A. 经济业务的内容是否真实

　　B. 填制单位公章和填制人员签章是否齐全

　　C. 填制凭证的日期是否真实

　　D. 是否有本单位公章和经办人签章

16. 下列说法正确的是（　　　　　）。

　　A. 原始凭证必须记录真实，内容完整

　　B. 原始凭证发生错误，必须按规定办法处理

　　C. 有关现金和银行存款的收支凭证，如果填写错误，必须作废

　　D. 购买实物的原始凭证，必须有验收证明

17. 对外来原始凭证进行真实性审核的内容包括（　　　　　）。

　　A. 经济业务的内容是否真实

　　B. 填制的凭证日期是否正确

　　C. 填制单位公章和填制人员签章是否齐全

　　D. 是否有本单位公章和经办人签章

18. 企业购买材料一批并已入库，该项业务有可能涉及的原始凭证包括（　　　　　）。

　　A. 发票　　　　　　　　B. 支票存根　　　　　　C. 货运单据　　　　　　D. 入库单

19. 原始凭证的审核内容包括（　　　　　）。

　　A. 有关数量、单价、金额是否正确无误

　　B. 是否符合有关的计划和预算

　　C. 记录的经济业务的发生时间

　　D. 有无违反财经制度的行为

20. 下列属于原始凭证填制要求的是（　　　　　）。

　　A. 原始凭证必须加盖公章

　　B. 有大小写金额的原始凭证，大小写金额必须相等

　　C. 原始凭证的填制要及时

　　D. 原始凭证的书写要规范

21. 对原始凭证发生的错误，正确的更正方法是（　　　　　）。

　　A. 由出具单位重开或更正

　　B. 由本单位的会计人员代为更正

　　C. 金额发生错误的，可由出具单位在原始凭证上更正

　　D. 金额发生错误的，应当由出具单位重开

22. 下列汉字金额大写书写正确的是（　　　　　）

　　A. ¥101.50：人民币壹佰壹元伍角整

　　B. ¥1 004.56：人民币壹仟零肆元伍角陆分

　　C. ¥1 320.56：人民币壹仟叁佰贰拾元伍角陆分

　　D. ¥1 320.56：人民币壹仟叁佰贰拾元零伍角陆分

23. 增值税一般纳税人销售货物、提供加工修理修配劳务和发生应税行为，可以开具（　　　　　）。

    A. 增值税专用发票   B. 增值税普通发票

    C. 机动车销售统一发票   D. 增值税电子普通发票

24. 下列关于填制原始凭证的基本要求表述正确的有（　　　　　）。

    A. 业务经办人员必须在原始凭证上签名或盖章，对原始凭证的真实性和正确性负责

    B. 单位自制的原始凭证必须由经办单位领导人或者其他指定人员签名盖章

    C. 出纳人员在办理收款或付款后，应在有关原始凭证上加盖"收讫"的戳章，以避免重收重付

    D. 要及时审核入账

25. 收料单可以作为（　　　　　）的依据。

    A. 编制限额领料单   B. 登记原材料明细账

    C. 编制材料入库的记账凭证   D. 编制收料凭证汇总表

三、判断题

1. 原始凭证是由会计人员在经济业务发生或完成时填制或取得的，用于证明经济业务的发生、明确经济责任、作为记账依据的书面证明。（　　　　）

2. 外来原始凭证一般都是一次凭证。（　　　　）

3. 原始凭证都是以实际发生或完成的经济业务为依据而填制的。（　　　　）

4. 外来原始凭证是由外单位填制的，而自制原始凭证则是由本单位财会人员填制的。（　　　　）

5. 原始凭证是在经济业务发生或完成时取得或编制的，它载明经济业务的具体内容，明确经济责任，是具有法律效力的书面证明。（　　　　）

6. "¥13.40"的大写金额可写为"人民币拾叁元肆角整"。（　　　　）

7. 各种原始凭证的填制都应由会计人员完成，以保证原始凭证填写的正确性。（　　　　）

8. 一式几联的原始凭证应按各联注明的用途使用，只能以一联作为报销联。（　　　　）

9. 原始凭证金额有错误的，可由开出单位划线更正，并在更正处加盖出具单位印章。（　　　　）

10. 在填制原始凭证时，阿拉伯数字角位是"0"，但分位不是"0"时，中文大写金额"元"后面应写"零"字。（　　　　）

11. 各种凭证要连续编号，以便查考。对于事先印制有编号的重要凭证，如填错作废时，应加盖"作废"戳记，全部联次完整保管，不得撕毁。（　　　　）

12. "¥425.06"的大写金额可写为"人民币肆贰拾伍元陆分"。（　　　　）

13. 一张原始凭证所列支出需要几个单位共同负担的，应当将其他单位负担的部分用复印件提供给其他单位。（　　　　）

14. 对于不真实、不合法的原始凭证，会计人员应退回给有关经办人员，由其更正后，方可办理正式会计手续。（　　　　）

15. 原始凭证金额出现错误的可以划线予以更正。（　　　　）

16. 原始凭证有错误的，应当由出具单位重开或更正，并在更正处加盖出具单位印章。（　　　　）

17. 任何会计凭证都必须经过有关人员的严格审核，确认无误后，才能作为记账的依据。（　　　）

18. 只要是真实的原始凭证就可以作为收付财物和记账的依据。（　　　）

19. 从外单位取得的原始凭证应盖有填制单位的公章，但有些特殊原始凭证例外。（　　　）

20. 从个人处取得原始凭证，必须有填制人员的签名或盖章。（　　　）

21. 增值税专用发票由基本联次或者基本联次附加其他联次构成，基本联次为三联：第一联为记账联，是销售方记账凭证；第二联为抵扣联，是购买方扣税凭证；第三联为发票联，是购买方记账凭证。（　　　）

22. 原始凭证在填制过程中出现错误时，应当由开出单位更正，更正处应当加盖出具单位印章。（　　　）

23. 支票正联和存根联的出票日期规定必须按照书写规范使用中文大写。（　　　）

24. 发票、飞机票、火车票和银行收付款通知一样，都属于外来原始凭证。（　　　）

25. 从银行提取现金的原始凭证是现金支票的存根，将收到的支票款项存入银行的原始凭证是转账支票正联。（　　　）

四、名词解释

1. 自制原始凭证：

2. 一次凭证：

3. 累计凭证：

4. 汇总原始凭证：

5. 外来原始凭证：

五、简答题

1. 什么是原始凭证？原始凭证具备的要素有哪些？

2. 原始凭证的审核包括哪些内容？对原始凭证审核的不同结果应如何处理？

六、项目实训

实 训 一

（一）目的：掌握原始凭证的分类。

（二）资料：原始凭证的分类如表 4-1 所示。

表 4-1 原始凭证的分类

会计凭证	一次凭证	外来凭证	累计凭证	汇总原始凭证
取得购货发票				
发出材料汇总表				
工商银行进账单				
税收缴款书				
领料单				
限额领料单				
制造费用分配表				
电话费发票				

（三）要求：以打"√"的方式在表 4-1 中填写原始凭证所属的类别。

实 训 二

（一）目的：掌握经济业务事项发生时应取得的原始凭证。

（二）资料：万山公司（增值税一般纳税人）20××年 12 月发生如下经济业务事项。

1. 6 日，以库存现金 150 元购买办公用账本纸张 5 本，公司财务部直接领用。

2. 9 日，接到银行收账通知，甲客户通过电汇汇来所欠货款 350 000 元。

3. 10 日，购入机床一台，价款 200 000 元，增值税税款 26 000 元，设备已运达并投入使用，开出转账支票一张支付货款。

4. 12 日，向工商银行借入流动资金借款 1 000 000 元，期限为 12 个月，年利率为 6%。

5. 13 日，购进甲材料 20 000 件，不含税单价 10 元，计价款 200 000 元，增值税进项税额 26 000 元，材料已验收入库，价款及税款已于上月 25 日支付。

6. 14 日，以转账支票缴纳增值税 10 000 元，城市维护建设税 700 元，教育费附加 300 元。

7. 16 日，支付金城会计师事务所咨询费 5 000 元，增值税税额 300 元。

8. 18 日，购买一项专利技术，价款 500 000 元，增值税税额 30 000 元，以转账支票支付。

9. 23 日，采购员报销差旅费 3 000 元，以现金支付。

10. 21 日，接工商银行付息通知，银行划转本月流动资金借款利息 3 000 元。

附：外来原始凭证名称：A. 银行收账通知；B. 增值税普通发票；C. 增值税专用发票；D. 税收通用缴款书；E. 收款收据；F. 保险费收据；G. 托收凭证（付款通知）；H. 贷款转存凭证；I. 银行利息付款通知。

（三）要求：指出万山公司发生的上述经济业务事项应当取得的外来原始凭证，并将结果填入表 4-2 中。

表 4-2 原始凭证的种类

经济业务事项	取得的原始凭证种类
1	
2	
3	
4	
5	
6	
7	
8	
9	
10	

实 训 三

（一）目的：掌握各类原始凭证的填制及审核方法。

（二）填写规范：

1. 原始凭证的项目要填写齐全，如凭证的名称、接受凭证单位的名称、填制凭证的日期，以及经济业务的内容、数量、单价、金额，填制单位和填制人员及有关人员的公章和签名等。凭证的附件和凭证的编号等都要填写，不得漏填。

2. 原始凭证书写要清楚，凭证上的文字和数字要用蓝、黑墨水填写，对于支票要用碳素墨水书写，如有书写错误，应按照规定的方法进行更正和作废。

只有符合以上要求，原始凭证的填制才算完成。

（三）技能训练要点：

1. 文字书写。文字的书写通常应避免文字潦草、字形失态、字画刻板和杜撰文字。

2. 数字的书写。会计数字书写需要注意两方面：倾斜度和高度。

（1）倾斜度：向右倾斜 30°～45°。

（2）高度：数字高度应为表格高度的 1/2 至 2/3。其中 6 要比其他数字高一些，但一般不超出表格，7 和 9 比其他数字低一些，下半部分占据下一行的上半格。写 0 时不能有缺口，写 8 时上方不能开口，写 4 时两竖平行，写 9 时不能开口和留尾巴。

3. 金额数字的书写。

（1）小写金额数字。人民币符号"¥"与阿拉伯数字之间不得留有空白。凡阿拉伯数字前写有人民币符号"¥"的，数字后面不再写"元"字。所有以元为单位的阿拉伯数字，除表示单价等情况外，一律填写到角分；无角分的，角位和分位可写"00"；有角无分的，分位应写"0"。

（2）大写金额数字。汉字大写金额数字一律用正楷或行书书写，其对应大写为：壹、贰、叁、肆、伍、陆、柒、捌、玖、拾、佰、仟、万、拾万、佰万、仟万、亿、元、角、分、零、整。不可用：一、二、三、四、五、六、七、八、九、十、廿、另等。

大写金额数字到元或角为止的，在"元"或"角"字之后应写"整"字；大写金额数字有分的，"分"字后面不写"整"字；大写金额数字前未印有"人民币"字样的，应加填"人民币"三字，"人民币"三字与金额数字之间不得留有空白。

（3）金额数字的汉语读法（写法）。 阿拉伯金额数字中间有"0"时，汉字大写金额要写"零"字。如 ¥108.50，汉字大写金额应写成：人民币壹佰零捌元伍角整。

阿拉伯金额数字中间连续有几个"0"时，汉字大写金额中只写一个"零"字。如 ¥2 004.56，汉字大写金额应写成：人民币贰仟零肆元伍角陆分。

阿拉伯数字元位是"0"，或数字中间连续有几个"0"，元位也是"0"，但角位不是"0"时，汉字大写金额可只写一个"零"字，也可不写"零"字。如 ¥3 320.56，汉字大写金额应写成：人民币叁仟叁佰贰拾元零伍角陆分，也可写成：人民币叁仟叁佰贰拾元伍角陆分。又如 ¥5 000.56，汉字大写金额应写成：人民币伍仟元零伍角陆分，也可以写成：人民币伍仟元伍角陆分。

4. 有关票据填写的基本规定。

（1）票据的出票日期必须使用中文大写。为了防止变造票据的出票日期，在填写月、日时，月为壹、贰和壹拾的，日为壹至玖和壹拾、贰拾、叁拾的，应在其前加"零"字；日为拾壹至拾玖的，应在其前加"壹"字。如 2023 年 1 月 9 日，应写成：贰零贰叁年零壹月零玖日；10 月 16 日，应写成：零壹拾月壹拾陆日；11 月 30 日，应写成：壹拾壹月零叁拾日。

（2）票据出票日期使用小写填写的，银行不予受理。大写日期未按要求规范填写的，银行可予受理，但由此造成的损失，由出票人自行承担。

5. 大小写数字的书写练习。学生应根据以上所列大小写数字的标准字体和书写要求，进行大小写数字的书写练习。注意初写时不宜求快，应在"规范"二字上下功夫。

（四）资料：盛大工厂是一家从事产品生产的一般纳税企业，设在湖北省黄冈市上海路8号，电话：0713-87786678，统一社会信用代码：914211228437030330，开户行：工商银行江山分理处，账号：13533740274646，厂长：李明，财务科长：王刚，审核员：李金星，记账员：王成立，出纳员：洪波，仓库保管员：杨柳青。20××年12月盛大工厂发生以下经济业务。

1. 3日，财务科出纳员开出现金支票1张，从银行提取现金5 500元，以备零用。要求填写现金支票（其存根为记账的依据），现金支票如表4-3所示。

表4-3　现 金 支 票

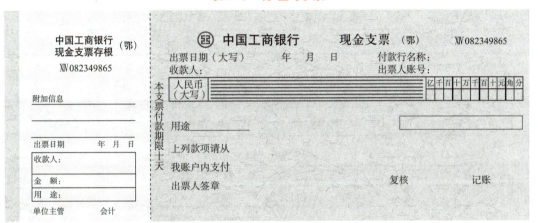

2. 5日，供销科张明因采购材料去深圳，经供销科科长批准，向财务科借现金2 500元。要求填写"借支单"，如表4-4所示。

表4-4　借 支 单

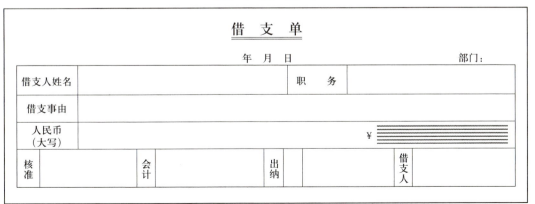

3. 6日，该厂收到正大公司（开户行：工商银行银城分理处，账号：1723433740256）投入资本600 000元，收到支票并存入银行。要求填写统一收款收据和进账单（见表4-5、表4-6）。

表4-5　统一收款收据

湖北省黄冈市统一收款收据

记账联

发票代码 142060889812
发票号码 00151150

年　月　日

今收到 ＿＿＿＿＿＿＿＿＿＿＿＿＿＿＿　交来 ＿＿＿＿＿＿＿＿＿＿＿＿＿

人民币 ＿＿＿＿＿＿＿＿＿＿＿＿＿＿＿＿＿＿＿＿　￥ ＿＿＿＿＿＿＿＿＿＿

系付 ＿＿＿＿＿＿＿＿＿＿＿＿＿＿＿＿＿＿＿＿＿＿＿＿＿＿＿＿＿＿＿＿＿

单位盖章：　　　　　会计：　　　　　　出纳：　　　　　　经手人：

③开票方记账原始凭证

表4-6　进　账　单

ICBC 🏧	中 国 工 商 银 行		进 账 单 (收账通知)		3

年　月　日　　　　　　　第　　号

出票人	全　称		收款人	全　称	
	账　号			账　号	
	开户银行			开户银行	

人民币（大写）		千 百 十 万 千 百 十 元 角 分
票据种类		
票据张数		

单位主管　　会计　　复核　　记账　　　　　　　　　出票人开户行盖章

此联是出票人开户银行交给收款人的收账通知

4. 7日，以银行存款缴纳上月城市维护建设税382元，要求填写转账支票（存根作为记账的凭据）及税收缴款书（见表4-7、表4-8）。

5. 8日，厂部向市百货商场（开户行：工商银行中心支行，账号：184530623122，地址：湖北省黄冈市上海路24号，电话：0713-87678954，统一社会信用代码：91421102244578278C）购买办公用品：水性笔20盒，单价10元/盒；笔记本25本，单价4元/本，直接领用。要求填写增值税普通发票1张（见表4-9）。

6. 10日，从耀华公司（地址：湖北省黄冈市江华路5号，电话：0713-87789933，开户行：工商银行环城办，账号：122339928799，统一社会信用代码：91421102112345632O）

购入甲材料 1 000 千克，不含税单价 40 元／千克，增值税专用发票注明买价 40 000 元，税金 5 200 元，共计 45 200 元，材料已验收入库，货款尚未支付。要求填制增值税专用发票、收料单各 1 张（见表 4-10、表 4-11）。

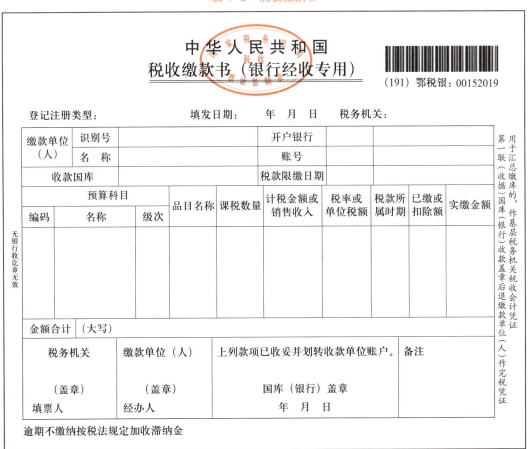

表 4-7 转 账 支 票

表 4-8 税收缴款书

表4-9　增值税普通发票

湖北增值税普通发票

发票联

4200161620

No 04958343

开票日期：

购买方	名　　　称：					密码区			
	纳税人识别号：								
	地址、电话：								
	开户行及账号：								
货物或应税劳务、服务名称	规格型号	单位	数量	单价		金额	税率	税额	
合计									
价税合计（大写）						（小写）			
销售方	名　　　称：					备注			
	纳税人识别号：								
	地址、电话：								
	开户行及账号：								

收款人：　　　　　复核：　　　　　开票人：　　　　　销售方：（章）

第二联：发票联　购买方记账凭证

表4-10　增值税专用发票

湖北增值税专用发票

发票联

4200061630

No 04858272

开票日期：

购买方	名　　　称：					密码区			
	纳税人识别号：								
	地址、电话：								
	开户行及账号：								
货物或应税劳务、服务名称	规格型号	单位	数量	单价		金额	税率	税额	
合计									
价税合计（大写）						（小写）			
销售方	名　　　称：					备注			
	纳税人识别号：								
	地址、电话：								
	开户行及账号：								

收款人：　　　　　复核：　　　　　开票人：　　　　　销售方：（章）

第三联：发票联　购买方记账凭证

表 4-11　收　料　单

收　料　单

（三联式）

№ 0034016

请购单号 ______________

发票号数 ______________　　　　年　月　日　　　　字第 __________ 号

材料		单位	数量	发票金额									应摊运杂费	实际成本									材料账
编号	名称及规格			单价	金额									单价	金额								
					十	万	千	百	十	元	角	分			十	万	千	百	十	元	角	分	

第二联：会计部门

核准　　　　会计　　　　记账　　　　保管　　　　供应　　　　验收

7. 10 日，供销科张明出差归来，报销差旅费 2 560 元（起止日期为 12 月 5 日至 12 月 9 日）。其中：火车票 2 张，金额 780 元；市内交通单据 8 张，金额 120 元；住宿 4 天，住宿费 960 元；伙食补助 700 元（补付现金 60 元）。要求填写差旅费报销单（见表 4-12）。

表 4-12　差旅费报销单

差旅费报销单

年　月　日

出差人：									事由：						
起止时间及地点						交通费			出差补贴					其他	
月	日	起点	月	日	终点	交通工具	单据张数	金额	项目	人数	天数	补贴标准	金额	项目	金额
														住宿费	
合计（大写）									¥			预支旅费		退回金额	
														补领金额	

附单据　张

8. 10 日，销售给正铭公司（地址：湖北省黄冈市高新开发区东风路 9 号，电话：0713-87786699，开户行：工商银行高新支行，账号：1201835003287，统一社会信用代码：914211056108318908）A 产品 200 件，每件售价 100 元，计 20 000 元，同时收取增值税 2 600 元，共计 22 600 元，当即收到对方转账支票并存入银行。要求填写增值税专用发票、出库单和进账单（见表 4-13、表 4-14、表 4-15）。

表 4-13 增值税专用发票

4200081640			湖北增值税专用发票				No 01362243	
			此联不作报销、扣税凭证使用				开票日期：	

购买方	名 称： 纳税人识别号： 地址、电话： 开户行及账号：				密码区			
货物或应税劳务、服务名称	规格型号	单位	数量	单价	金额	税率	税额	
合计								
价税合计（大写）					（小写）			
销售方	名 称： 纳税人识别号： 地址、电话： 开户行及账号：				备注			

收款人： 复核： 开票人： 销售方：（章）

第一联：记账联 销售方记账凭证

表 4-14 出 库 单

出 库 单

No 002438

收货单位： 年 月 日 字第 号附单据 张

编号	名称	规格	单位	应发数量	实发数量	单价	金额								附 注
							百	十	万	千	百	十	元	角	分	

会计 仓库主管 保管 经手 采购

第二联：财务记账

表 4-15　进 账 单

ICBC 🔲	中国工商银行	进账单 (收账通知)	3	

| | 年　月　日 | | 第　号 | |

出票人	全　称		收款人	全　称		此联是出票人开户银行交给收款人的收账通知
	账　号			账　号		
	开户银行			开户银行		
人民币 (大写)				千 百 十 万 千 百 十 元 角 分		
票据种类						
票据张数						
单位主管　　会计　　复核　　记账			出票人开户行盖章			

（五）要求：根据上述资料填制原始凭证。

实 训 四

（一）目的：进一步练习原始凭证的填制。

（二）资料：宏鑫公司 20×× 年 12 月发生以下经济业务。

1. 12 月 6 日，财务科开出转账支票，支付维维服装厂前欠甲材料款 10 000 元，该支票号码为 AZ2789182，公司账号为 1236789098245664，开户银行为工商银行湖北开发区支行。

2. 12 月 19 日，为维信餐饮公司设计产品宣传广告，收到对方签发的一张 50 000 元的转账支票，公司财务科立即填制一张进账单连同转账支票一起交送银行，进账单号码为033455，维信餐饮公司的账号为 1234565405026832，开户银行为工商银行湖北江城支行；同时，公司向维信餐饮公司开出发票一张，该发票编号为 0012901。

3. 12 月 25 日，公司购入乙材料 5 000 千克，每千克 10 元，共计 50 000 元，材料已验收入库，为此填制收料单，该收料单的编号为 001234。

（三）要求：根据相关原始凭证的样式填制转账支票、进账单、发票、收料单。

（四）（实训耗材：各种原始凭证票样）。

实 训 五

（一）目的：进一步练习原始凭证的填制。

（二）资料：

1. 泰铭实业有限公司的有关资料如下。

公司地址：襄阳高新区追日路 9 号；开户银行及账号：建设银行高新支行，账号：

125648589234363；纳税人识别号：914206018736184565；电话号码：0710-3567848。

2. 泰铭实业有限公司20××年12月发生了如下经济业务。

（1）2日，财务科出纳员陈露开出现金支票1张5 500元，从银行提取现金，以备零用。要求：填写现金支票。

（2）3日，供销科李强去广州采购材料，经供销科科长陈钟批准，向财务科借现金3 500元（复核人宋涛，财务科长张波）。要求：填写借款单。

（3）4日，盛利公司向泰铭公司提供5 000平方米的厂房作为投资，该厂房原值580 000元，预计使用年限20年（已使用4年），已提折旧50 000元。要求：填制固定资产验收报告单。

（4）5日，该公司又收到盛利公司（开户行：工商银行科技支行，账号：1223377027399）投入资本300 000元，收到支票并存入银行。要求：填写统一收据（收款人：陈露，交款人：李根辉）和进账单。

（5）6日，以银行存款支付上月应交增值税2 370元，城市维护建设税（7%）及教育费附加（3%）。要求：填写转账支票（存根作为记账的凭据）及税收缴款书。

（6）7日，从红星公司购入A材料5 000千克，单价8元／千克，增值税专用发票注明买价40 000元，税金5 200元，共计45 200元，材料尚未到达，货款以银行存款支付。红星公司地址、电话：湖北省黄冈市沿江大道东168号，0713-3578325，开户行及账号：工商银行沿江大道支行，122356884022195，统一社会信用代码：914206011000762264。要求：填制转账支票1张（存根作为记账的凭据）及增值税专用发票2张（该凭证应从对方单位取得，但本实训要求学生填制）。

（7）8日，A材料运达企业，经验收合格入库。要求：填制入库单（经手人：王立，负责人：李华）。

（8）10日，供销科李强出差归来，报销差旅费3 680元（起止日期为12月3日至12月9日）。其中：火车票2张，金额980元；市内交通单据16张，金额260元；住宿6天，住宿费1 600元；出差补助840元（补付现金180元）。要求：填写差旅费报销单。

（9）11日，销售给富安公司甲产品200件，每件售价500元，计100 000元，同时收取增值税13 000元，共计113 000元。该公司地址、电话：湖北省黄冈市高新产业技术开发区，0713-3062629；开户行及账号：工商银行开发区支行，13013350081813；统一社会信用代码：914206025600837237。当即收到对方转账支票并存入银行。要求：填写增值税专用发票一式三联（第一联作为企业记账的依据）、进账单和出库单。

（三）要求：准备实训耗材：各种原始凭证票样，根据相关的原始凭证样式填制现金支票、借款单、固定资产验收报告单、统一收据、进账单、转账支票、税收缴款书、增值税专用发票、入库单、差旅费报销单、进账单、出库单。

（四）实训耗材：各种原始凭证票样。

实 训 六

（一）目的：进行人民币大写和小写之间的转换。
（二）资料：人民币大写、小写金额表如表 4-16 所示

表 4-16　人民币大写、小写金额表

序号	小写	大写
1	￥3 400.00	
2	￥1 064 000.00	
3	￥2 000.89	
4	￥8 008.07	
5	￥595.60	
6	￥250.01	
7	￥265.86	
8		人民币玖仟零伍元贰角陆分
9		人民币贰仟叁佰零捌元陆角
10		人民币伍佰壹拾贰元零伍分
11		人民币叁拾零叁仟元伍角贰分
12		人民币肆仟叁佰零捌元零肆分

（三）要求：写出上述人民币大写金额或小写金额。

实 训 七

（一）目的：正确识别原始凭证的错误。
（二）审核要点：

1. 审核原始凭证的真实性，逐笔检查有关业务手续是否完备。凡有下列情况之一者不能作为正确的原始凭证：

（1）未写接受单位名称或名称不符；

（2）数量和金额计算不正确；

（3）有关责任人员未签字或未盖章；

（4）凭证联次不符；

（5）有污染、摩擦、刀刮和挖补痕迹。

2. 审核原始凭证的合法性，审核经济业务的发生是否符合党和国家的有关方针、政策及财务法规制度。

3. 审核原始凭证的合理性，从加强经营管理，提高经济效益的原则出发，审核经济业务的发生是否合理。

（三）资料：下列原始凭证（表4-17至表4-21）出自部分公司实际发生的经济业务。

表4-17　增值税普通发票

表4-18　借　支　单

借　支　单								
20××年1月9日　　　　　　　　　　部门：销售部								
借支人姓名	陈红		职　务	经理				
借支事由	出差							
人民币（大写）	叁仟元整						¥3 000.00	
核准	刘雪华	会计	宋珍	出纳	江华	借支人		

表4-19　转账支票

中国工商银行
转账支票存根 (鄂)

XIV 87233497

附加信息

_____

_____

出票日期　20×× 年 1月10日

收款人：襄阳市福隆股份有限
公司

金　额：50 000.00元

用　途：货款

单位主管　　会计

中国工商银行　　转账支票 (鄂)　　XIV 87233497

出票日期（大写）贰零×× 年 零壹 月 拾日　　付款行名称：工行科技支行

收款人：襄阳市福隆股份有限公司　　出票人账号：18797308091001

人民币
（大写）　伍万元　　亿千百十万千百十元角分
　　　　　　　　　　　　　　¥ 5 0 0 0 0 0 0

用途　　货款

上列款项请从
我账户内支付

出票人签章　　　　　　　　复核　　　　记账

本支票付款期限十天

表4-20　增值税专用发票

3200141630

江苏增值税专用发票

发票联

No 01358246

开票日期：20××年12月9日

购买方	名　　称：泰明实业有限公司				密码区		略		
	纳税人识别号：914206067068198282								
	地址、电话：襄阳市汉江路8号 0710-3511157								
	开户行及账号：工行科技支行 18797308091001								
货物或应税劳务、服务名称	规格型号	单位	数量	单价	金额	税率	税额		
※胶链淀粉※工业淀粉		吨	10	3 620.69	36 206.9	13%	4 706.9		
合计					¥ 36 206.9		¥ 4 706.9		
价税合计（大写）	⊗ 肆万零玖佰壹拾叁元捌角				（小写）　¥ 40 913.80				
销售方	名　　称：江苏诚安化工厂				备注				
	纳税人识别号：91320210684035409X								
	地址、电话：南京市梅山雄风路426号 1351234568								
	开户行及账号：南京市工行梅山支行 624896340301408703								

收款人：余红　　　复核：李凡　　　开票人：　　　销售方：(章)

第三联：发票联　购买方记账凭证

表 4-21　收　料　单

材　料		单位	数量	发　票　金　额										应摊运杂费	实　际　成　本										材料账
编号	名称及规格			单价	金　额										单价	金　额									
					十	万	千	百	十	元	角	分			十	万	千	百	十	元	角	分	
	工业淀粉		10	2 588.744		2	5	8	8	7	4	4				2	5	8	8	7	4	4	

收　料　单

（三联式）

№ 0013752

请购单号 ＿＿＿＿＿＿＿＿＿

发票号数 ＿＿＿＿＿＿＿＿＿

20×× 年 12 月 19 日

字第 ＿＿＿＿＿ 号

核准　　　会计　　　记账　　　保管　　　供应　　　验收

第一联：材料部门

（四）要求：指出上述原始凭证存在的问题。

填制和审核记账凭证

一、单项选择题

1. 会计凭证按其（　　　）不同可以分为原始凭证和记账凭证两种。
   - A. 填制的方法
   - B. 取得的来源
   - C. 填制的程序和用途
   - D. 反映经济业务的次数

2. 原始凭证和记账凭证的相同点是（　　　）。
   - A. 反映的经济业务内容相同
   - B. 编制的时间相同
   - C. 具体作用相同
   - D. 具体要素相同

3. 企业购入材料一批 5 000 元，以转账支票支付 3 000 元，其余款项暂欠，应填制（　　　）。
   - A. 一张转账凭证
   - B. 一张付款凭证和一张转账凭证
   - C. 一张收款凭证
   - D. 一张收款凭证和一张转账凭证

4. 出纳人员付出货币资金的依据是（　　　）。
   - A. 收款凭证
   - B. 付款凭证
   - C. 转账凭证
   - D. 原始凭证

5. 收款凭证左上角的"借方科目"应填列的科目是（　　　）。
   - A. 银行存款
   - B. 材料采购
   - C. 主营业务收入
   - D. 其他业务收入

6. 下列业务应编制转账凭证的是（　　　）。
   - A. 支付办公费
   - B. 支付预付款
   - C. 收回出售材料款
   - D. 抵扣预付款

7. 将现金存入银行，按规定应编制（　　　）。
   - A. 现金收款凭证
   - B. 银行存款收款凭证
   - C. 现金付款凭证
   - D. 银行存款付款凭证

8. 从银行提取现金，按规定应编制（　　　）。
   - A. 现金收款凭证
   - B. 银行存款收款凭证

　　　C. 现金付款凭证　　　　　　　　　　　D. 银行存款付款凭证

9. 记账凭证是（　　　）根据审核无误的原始凭证填制的。

　　A. 会计人员　　　　　　　　　　　　　B. 经办人员

　　C. 主管人员　　　　　　　　　　　　　D. 复核人员

10. 会计凭证的传递，是指（　　　　），在单位内部有关部门及人员之间的传递程序和传递时间。

　　A. 从会计凭证的填制到登记账簿止

　　B. 从会计凭证的填制或取得到归档止

　　C. 从会计凭证审核到归档止

　　D. 从会计凭证的填制或取得到汇总登记账簿止

二、多项选择题

1. 会计凭证包括（　　　　　　）。

　　A. 原始凭证　　　　　　　　　　　　　B. 记账凭证

　　C. 收款凭证　　　　　　　　　　　　　D. 付款凭证

　　E. 转账凭证

2. 记账凭证按记录的经济业务内容可以分为（　　　　　　）。

　　A. 收款凭证　　　　　B. 付款凭证　　　　　C. 转账凭证　　　　　D. 单式凭证

3. 会计凭证的作用有（　　　　　　）。

　　A. 记录经济业务

　　B. 明确经济责任

　　C. 登记账簿的依据

　　D. 可以全面、系统、连续、综合地反映经济业务

4. 记账凭证可以根据（　　　　　）编制。

　　A. 一张原始凭证　　　　　　　　　　　B. 若干张同类原始凭证汇总

　　C. 原始凭证汇总表　　　　　　　　　　D. 明细账

5. 记账凭证的填制要求有（　　　　　　）。

　　A. 是否附有原始凭证且与原始凭证内容一致

　　B. 应借应贷的科目与金额是否一致

　　C. 是否有经手人的签名盖章

　　D. 摘要、项目、日期是否填列齐全、清楚

6. 付款凭证左上角的"贷方科目"可能登记的科目有（　　　　　　）。

　　A. 应付账款　　　　　B. 银行存款　　　　　C. 预付账款　　　　　D. 库存现金

7. 记账凭证的基本内容包括（　　　　　　）。

　　A. 凭证的名称和编号

　　B. 经济业务事项摘要

　　C. 会计科目的名称、方向和金额

　　D. 凭证填制的日期和有关人员的签章

E. 所附原始凭证张数

8. 科学、合理地组织会计凭证的传递一般包括规定凭证的（　　　　　）。

A. 传递路线　　　　B. 传递时间　　　　C. 传递手续　　　　D. 传递内容

9. 记账凭证审核的主要内容有（　　　　　）。

A. 项目是否齐全　　　　　　　　B. 科目是否正确

C. 内容是否真实　　　　　　　　D. 金额是否正确

10. 记账凭证的填制除了必须做到记录真实、内容完整、填制及时、书写清楚外，还必须符合（　　　　　）要求。

A. 如有空行，必须在空行处划线注销

B. 填制记账凭证错误时应当重新编制

C. 必须连续编号

D. 除另有规定外，应该有附件并注明附件张数

三、判断题

1. 填制记账凭证必须以经过审核无误的原始凭证为依据。（　　　）

2. 记账凭证中的收款凭证日期必须与原始凭证的日期一致。（　　　）

3. 收料单、工资结算单既属于自制原始凭证又属于记账凭证。（　　　）

4. 转账凭证是用来记录不涉及现金和银行存款收付的经济业务的记账凭证。它是根据有关转账业务的记账凭证填制的。（　　　）

5. 会计凭证装订后不得随意拆卸抽取凭证，如果必须拆卸，要得到会计主管人员同意。（　　　）

6. 凡是现金收入业务和银行存款收入业务都应填制收款凭证。（　　　）

7. 从银行提取现金，既可以编制银行存款付款凭证，又可以编制现金收款凭证。（　　　）

8. 所有者投入机器设备一台，价值 20 000 元，应填制收款凭证。（　　　）

9. 生产车间领用材料，金额 5 000 元，用于产品生产，应填制转账凭证。（　　　）

10. 记账凭证上的日期是经济业务的发生日期。（　　　）

11. 转账凭证只登记与库存现金和银行存款收付无关的经济业务。（　　　）

12. 付款凭证只有在银行存款减少时才填制。（　　　）

四、名词解释

1. 记账凭证：

2. 收款凭证：

3. 付款凭证：

4. 转账凭证：

5. 会计凭证：

五、简答题

1. 记账凭证的内容及填制要求有哪些？

2. 记账凭证的审核要点是什么？

六、项目实训

实　训　一

（一）目的：练习专用记账凭证的编制方法。

（二）资料：某企业 3 月发生如下经济业务。

1. 2 日，从银行提取现金 2 000 元以备零用。

2. 4 日，通过银行向飞跃公司预付材料款 15 000 元。

3. 5 日，向华宇工厂购入 A 材料一批，货款 50 000 元，增值税税额 6 500 元和运杂费 800 元已通过银行存款支付，材料已验收入库。

4. 5 日，采购员张华预借差旅费 1 300 元，以现金付讫。

5. 9 日，领用 A 材料一批，其中生产甲产品耗用 27 000 元，管理部门一般耗用 12 000 元。

6. 12 日，计算分配职工工资。其中：生产甲产品工人工资 23 000 元，管理人员工资 13 000 元。

7. 18 日，从银行提取现金 36 000 元，以备发工资。

8. 18 日，以现金 36 000 元发放职工工资。

9. 20 日，签发现金支票 500 元，支付管理部门日常办公费用零星开支。

10. 21 日，采购员张华回厂报销差旅费 800 元，余款以现金交回。

11. 22 日，收到易兴公司上月欠购货款 25 400 元，存入银行。

12. 23 日，向兴农公司销售甲产品一批，货款 36 000 元，增值税税额 4 680 元，款已从银行收讫。

13. 24 日，以 500 元银行存款支付销售产品的促销费用。

14. 30 日，按规定比例计提固定资产折旧额，其中生产车间应提折旧 3 500 元，企业行政管理部门应提折旧 1 000 元。

15. 30 日，结转本月完工入库甲产品成本 34 000 元。

16. 30 日，本公司销售甲产品属于应税消费品，计算应交消费税 11 000 元。

17. 30 日，结转已售甲产品的销售成本 20 800 元。

18. 30 日，结转主营业务收入 74 000 元，主营业务成本 33 500 元，管理费用 3 820 元，销售费用 1 200 元。

（三）要求：根据以上资料编制专用记账凭证。

（四）实训耗材：

1. 收款凭证 5 张。

2. 付款凭证 10 张。

3. 转账凭证 10 张。

实　训　二

（一）目的：练习通用记账凭证的编制方法。

（二）资料：见实训一。

（三）要求：根据以上资料编制通用记账凭证。

（四）实训耗材：通用记账凭证 25 张。

实　训　三

（一）目的：练习记账凭证的填制方法。

（二）资料：

公司名称：建兴公司（增值税一般纳税人）

开户行：中国建设银行桥西支行

账号：5603-2936

统一社会信用代码：91420106303594728C

（注：会计人员：张三，出纳员：李四，会计主管：王五）

该公司 20×× 年 12 月发生的交易事项取得如下原始凭证。

1. 12 月 1 日，从万达公司购入甲材料 1 000 千克，开出支票付款，材料尚未运到，有关单据如表 5-1、表 5-2 所示。

2. 12 月 1 日，仓库发出材料供有关部门使用，领料单如表 5-3 至表 5-6 所示。

3. 12 月 3 日，从万达公司购入的甲材料运到企业并验收入库，入库单如表 5-7 所示。

4. 12 月 3 日，出纳员填写现金支票一张，从银行提取现金 2 000 元，现金支票存根如表 5-8 所示。

5. 12 月 3 日，销售 A 产品 400 件，单价 2 500 元，全部款项已送存银行，有关单据如表 5-9、表 5-10 所示。

表 5-1　转账支票存根

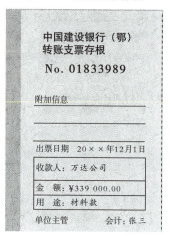

表 5-2　增值税专用发票

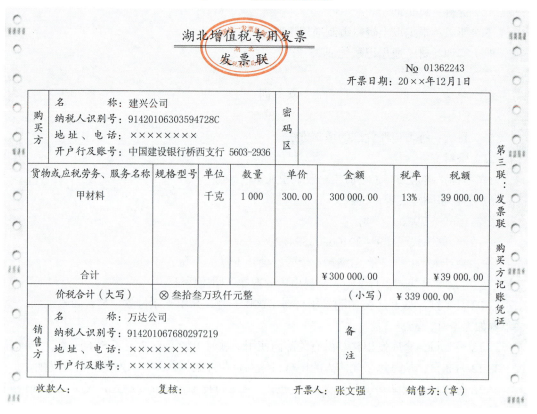

表5-3 领 料 单

建兴公司领料单

领料部门：生产车间   20××年12月1日

材料		单位	数量		单位成本	金额	过账
名称	规格		请领	实发			
乙材料		千克	300	300	60.00	18 000.00	
工作单号		用途	车间一般耗用				
工作项目							

会计：   记账：   发料：马大   领料：李六

表5-4 领 料 单

建兴公司领料单

领料部门：生产车间   20××年12月1日

材料		单位	数量		单位成本	金额	过账
名称	规格		请领	实发			
甲材料		千克	500	500	200.00	100 000.00	
乙材料		千克	1 000	1 000	60.00	60 000.00	
工作单号		用途	生产A产品				
工作项目							

会计：   记账：   发料：马大   领料：李六

表5-5 领 料 单

建兴公司领料单

领料部门：生产车间   20××年12月1日

材料		单位	数量		单位成本	金额	过账
名称	规格		请领	实发			
甲材料		千克	750	750	200.00	150 000.00	
乙材料		千克	800	800	40.00	32 000.00	
工作单号		用途	生产B产品				
工作项目							

会计：   记账：   发料：马大   领料：李六

表5-6　领　料　单

建兴公司领料单

领料部门：生产车间　　　　　　　　　　20××年12月1日

材料		单位	数量		单位成本	金额	过账
名称	规格		请领	实发			
甲材料		千克	40	40	200.00	8 000.00	
工作单号		用途	管理部门一般耗用				
工作项目							

会计：　　　　　　　记账：　　　　　　　发料：马大　　　　　　　领料：周红

表5-7　入　库　单

材料入库单

供应单位：万达公司　　　　　　　　20××年12月3日　　　　　　　　发票号：

材料类别	材料名称	规格材质	计量单位	数量	实收数量	单位成本	金额								
							百	十	万	千	百	十	元	角	分
	甲材料		千克	1 000	1 000	300.00		3	0	0	0	0	0	0	0
校验结果　检验员签章：				运杂费											
				合　计			¥	3	0	0	0	0	0	0	0
备注															

仓库　　　　　　　　　　材料会计　　　　　　　　　收料员：周杰

表5-8　现金支票存根

表 5-9 增值税专用发票

湖北增值税专用发票

此联不作报销、扣税凭证使用

No 01372543

开票日期：20××年12月3日

购买方	名　　　称：华利公司 纳税人识别号：914201057680532025 地　址、电话：××××××××× 开户行及账号：工商银行北大街支行56019653				密码区			
货物或应税劳务、服务名称	规格型号	单位	数量	单价	金额	税率	税额
A产品		件	400	2 500.00	1 000 000.00	13%	130 000.00
合计					￥1 000 000.00		￥130 000.00
价税合计（大写）		⊗ 壹佰壹拾叁万元整				（小写）￥1 130 000.00	
销售方	名　　　称：建兴公司 纳税人识别号：914201063035947728C 地　址、电话：××××××××× 开户行及账号：中国建设银行桥西支行5603-2936				备注			

收款人：　　　　复核：　　　　开票人：林 营　　　　销售方：(章)

第一联：记账联　销售方记账凭证

表 5-10 进 账 单

中 国 建 设 银 行 进 账 单 （收账通知）　3

20×× 年 12 月 3 日

出票人	全　称	华利公司	收款人	全　称	建兴公司
	账　号	56019653		账　号	5603-2936
	开户银行	工商银行北大街支行		开户银行	建设银行桥西支行

金额	人民币 （大写）	壹佰壹拾叁万元整	亿	千	百	十	万	千	百	十	元	角	分
				￥	1	1	3	0	0	0	0	0	0

票据种类	转账支票	票据张数	1
票据号码			

复核　　　记账　　　　　　　　收款开户银行签章

此联是出票人开户银行交给出票人的收账通知

6. 12月5日，开出转账支票偿还前欠华宇公司材料款 15 000 元，支票凭证如表 5-11 所示。

表 5-11　转账支票存根

7. 12月5日，采购员刘力填写借款单，并经有关人员签字同意，预借差旅费 5 000 元，以现金支付，借款单如表 5-12 所示。

表 5-12　借　款　单

借款单

20××年 12月5日

部门	供应科	借款事由	采购材料
借款金额	金额（大写）伍仟元整	¥ 5 000.00	
批准金额	金额（大写）伍仟元整	¥ 5 000.00	
部门领导	周鸣	会计主管	王五	借款人	刘力

8. 12月5日，向建设公司购进甲材料 2 000 千克，乙材料 1 000 千克，材料经有关部门验收入库，并开出商业汇票，有关单据如表 5-13 至表 5-15 所示。

9. 12月6日，缴纳上月应交所得税 15 000 元，完税凭证如表 5-16 所示。

10. 12月8日，缴纳上月应交城市维护建设税和教育费附加 2 000 元，完税凭证如表 5-17 所示。

11. 12月16日，刘力报销差旅费 4 700 元，退回现金 300 元，出纳员开具收据一张，有关单据如表 5-18 所示。

12. 12月16日，出纳员填写现金支票一张，提取现金 350 000 元，现金支票存根如表 5-19 所示。

表 5-13 增值税专用发票

湖北增值税专用发票

发票联

开票日期：20××年12月5日

购买方	名　　　　称：建兴公司 纳税人识别号：91420106303594728C 地址、电话：××××××× 开户行及账号：中国建设银行桥西支行5603-2936						密码区	
货物或应税劳务、服务名称	规格型号	单位	数量	单价	金额	税率	税额	
甲材料 乙材料		千克 千克	2 000 1 000	250.00 60.00	500 000.00 60 000.00	13% 13%	65 000.00 7 800.00	
合计					￥560 000.00		￥72 800.00	
价税合计（大写）	⊗陆拾叁万贰仟捌佰元整				（小写）　￥632 800.00			
销售方	名　　　　称：建设公司 纳税人识别号：91420102581842336 8 地址、电话：××××××× 开户行及账号：中国农业银行东港路支行380180012364						备注	

收款人：　　　　　复核：　　　　　　开票人：张文强　　　销售方：（章）

第三联：发票联 购买方记账凭证

表 5-14 银行承兑汇票

银行承兑汇票（存根）　　　3

出票日期（大写）贰零××年　壹拾贰　月零伍　日

出票人全称	建兴公司	收款人	全称	建设公司									
出票人账号	5603-2936		账号	380180012364									
付款行全称	中国建设银行桥西支行		开户银行	中国农业银行东港路支行									
出票金额	人民币　陆拾叁万贰仟捌佰元整（大写）			千	百	十	万	千	百	十	元	角	分
				￥	6	3	2	8	0	0	0	0	0
汇票到期日（大写）	贰零××年壹拾贰月零伍日	付款行	行号	4568									
承兑协议编号			地址										
			备注										

此联由出票人存查

表 5-15 材料入库单

材料入库单

供应单位：建设公司　　　　　　20××年 12月 5日　　　　　　发票号：

材料 类别	材料 名称	规格 材质	计量 单位	数量	实收 数量	单位 成本	金额								
							十	万	千	百	十	元	角	分
	甲材料		千克	2 000	2 000	250.00	5	0	0	0	0	0	0	0
	乙材料		千克	1 000	1 000	60.00		6	0	0	0	0	0	0
检验结果　检验员签章：				运杂费										
				合　计			¥	5	6	0	0	0	0	0	0
备注														

仓库　　　　　　　　　　　会计　　　　　　　　　　　收料员：周杰

表 5-16　完 税 凭 证

中华人民共和国
税收完税证明

NO.342065190100005134

填发日期：20××年12月06日　　税务机关：国家税务总局襄阳市襄城区税务局

纳税人识别号	9142010630359472 8C		纳税人名称		建兴公司	
原凭证号	税种	品目名称	税款所属时间	入（退）库日期	实缴（退）金额	
342066190100000000	所得税		20××-11-01至20××-11-30	20××-12-06	15 000.00	
金额合计	（大写）人民币壹万伍仟元整				¥15 000.00	
税务机关 （盖章）		填票人 张周迪		备注		

收据联　交纳税人作完税证明

妥善保管

表 5-17 完 税 凭 证

中华人民共和国
税收完税证明

NO.342065190100005134

填发日期：20××年12月08日　税务机关：国家税务总局襄阳市襄城区税务局

纳税人识别号	91420106303594728C			纳税人名称	建兴公司		
原凭证号	税种	品目名称	税款所属时间		入（退）库日期	实缴（退）金额	
34206619010005000	城市维护建设税		20××-11-01 至 20××-11-30		20××-12-08	1 400.00	
34206619010005000	教育费附加		20××-11-01 至 20××-11-30		20××-12-08	600.00	
金额合计	（大写）人民币贰仟元整					¥2 000.00	
税务机关 （盖章）		填票人 张闻迪		备注			

收据联 交纳税人作完税证明

妥善保管

表 5-18 统一收款收据

统一收款收据（三联单）

第三联：记账依据　　　　　20××年12月16日　　　　　No. 58803529

交款单位或交款人	刘力	收款方式	现金
事　由　报销差旅费		备注： 预借款5 000元 核销4 700元	
人民币（大写）叁佰元整　　¥300.00			

说明：不得作行政事业性收费收据使用

收款单位（盖章）：　　　　　　　　　　　　收款人（签章）：李　四

表 5-19　现金支票存根

```
┌─────────────────────────────┐
│  中国建设银行（鄂）           │
│  现金支票存根                 │
│  No. 02821983               │
│                             │
│  附加信息  _____  │
│          _____   │
│                             │
│  出票日期  20××年12月16日    │
│  收款人：建兴公司            │
│  金　额：¥350 000.00        │
│  用　途：备发工资            │
│  单位主管        会计：张三  │
└─────────────────────────────┘
```

13. 12 月 16 日，办公室购买办公用品 500 元，款项开出支票支付。有关单据如表 5-20、表 5-21 所示。

表 5-20　增值税普通发票

湖北增值税普通发票
发票联

4200061620

No 01358279

开票日期　20××年12月16日

货物或应税劳务、服务名称	规格型号	单位	数量	单价	金额	税率	税额
购买方　名称：建兴公司 纳税人识别号：91420106303594728C 地址、电话：×××××××× 开户行及账号：中国建设银行桥西支行 5603-2936					密码区		
※办公用品※打印纸		包	10	33.982	339.82	3%	10.19
※办公用品※笔记本		本	10	14.562	145.62	3%	4.37
合计					¥485.44		¥14.56

价税合计（大写）⊗伍佰元整　　　　　（小写）¥500.00

销售方	名称：鼓楼商场 纳税人识别号：91420106303380813O 地址、电话：积玉桥街临江大道90号 027-84803628 开户行及账号：中国工商银行临江支行 4682-2828	备注

收款人：　　　复核：　　　开票人：李方　　　销售方：（章）

第二联：发票联　购买方记账凭证

表 5-21 转账支票存根

中国建设银行（鄂）
转账支票存根
No. 01836990

附加信息

_____

出票日期 20××年12月16日

收款人：鼓楼商场

金 额：￥500.00

用 途：购办公用品

单位主管 会计：张三

14. 12 月 20 日，开出转账支票支付销售产品展览费 2 968 元，有关单据如表 5-22、表 5-23 所示。

15. 12 月 31 日，分配结转本月职工工资 465 000 元，其中，生产 A 产品工人工资 250 000 元，生产 B 产品工人工资 130 000 元，车间管理人员工资 35 000 元，行政管理部门人员工资 50 000 元，工资费用分配情况如表 5-24 所示。

表 5-22 转账支票存根

中国建设银行（鄂）
转账支票存根
No. 01836991

附加信息

_____

出票日期 20××年12月20日

收款人：金点子文化创意公司

金 额：￥2 968.00

用 途：付展览费

单位主管 会计：张三

表 5-23　增值税专用发票

湖北增值税专用发票
发票联

4200061630

No 01358279
开票日期：20××年12月20日

购买方	名　　称：建兴公司 纳税人识别号：91420106303594728C 地址、电话：××××××××× 开户行及账号：中国建设银行桥西支行 5603-2936	密码区					
货物或应税劳务、服务名称	规格型号	单位	数量	单价	金额	税率	税额
※商务服务※展览费					2 800.00	6%	168.00
合　计					¥2 800.00		¥168.00
价税合计（大写）　⊗ 贰仟玖佰陆拾捌元整				（小写）　¥2 968.00			
销售方	名　　称：金点子文化创意公司 纳税人识别号：370867816221555 地址、电话：××××××××× 开户行及账号：×××××××××	备注					

第三联：发票联　购买方记账凭证

收款人：　　　　　复核：　　　　　　　　开票人：王雨　　　　销售方：（章）

表 5-24　工资费用分配汇总表

20××年12月31日

车间、部门		应分配金额
车间生产 人员工资	生产A产品	250 000.00
	生产B产品	130 000.00
	生产人员工资小计	380 000.00
车间管理人员		35 000.00
厂部管理人员		50 000.00
合　计		465 000.00

（三）要求：根据上述经济业务相关的原始凭证，编制记账凭证。

一、单项选择题

1. 假如某账户本期期初余额为 2 300 元，本期期末余额为 4 300 元，本期减少发生额为 1 200 元，则该账户本期增加发生额为（　　　）元。
   A. 800 　　　　　 B. 5 400 　　　　　 C. 700 　　　　　 D. 3 200

2. 假如某账户本期增加发生额为 2 500 元，减少发生额为 800 元，期末余额为 3 000 元，则该账户本期期初余额为（　　　）元。
   A. 300 　　　　　 B. 1 300 　　　　　 C. 4 700 　　　　　 D. 1 000

3. 明细账按用途分类属于（　　　）。
   A. 备查账簿 　　　 B. 序时账簿 　　　 C. 订本账簿 　　　 D. 分类账簿

4. 原材料明细账的格式一般应采用（　　　）。
   A. 三栏式 　　　　 B. 数量金额式 　　 C. 多栏式 　　　　 D. 横线登记式

5. 管理费用明细账的格式一般应采用（　　　）。
   A. 三栏式 　　　　 B. 数量金额式 　　 C. 多栏式 　　　　 D. 横线登记式

6. 固定资产明细账一般使用（　　　）。
   A. 多栏账 　　　　 B. 订本账 　　　　 C. 卡片账 　　　　 D. 序时账

7. "委托加工材料登记账簿"按用途分类属于（　　　）。
   A. 三栏式明细分类账 　　　　　　　 B. 分类账簿
   C. 备查账 　　　　　　　　　　　　 D. 日记账

8. （　　　）账簿在使用结束不再登记时，必须装订成册，妥善保管。
   A. 订本账 　　　　 B. 卡片账 　　　　 C. 活页账 　　　　 D. 分类账

9. 现金日记账的格式一般是（　　　）。
   A. 三栏式 　　　　 B. 数量金额式 　　 C. 多栏式 　　　　 D. 横线登记式

10. 从银行提取现金的业务登记现金日记账的依据是（　　　）。

　　　A. 现金收款凭证　　　　　　　　B. 现金付款凭证

　　　C. 银行存款收款凭证　　　　　　D. 银行存款付款凭证

11. 将所有的记账凭证按相同的科目分借方、贷方定期汇总编制成一种汇总表，然后据以登记总分类账的账务处理程序称为（　　　　）。

　　　A. 科目汇总表账务处理程序　　　B. 日记总账账务处理程序

　　　C. 记账凭证账务处理程序　　　　D. 汇总记账凭证账务处理程序

12. 各种账务处理程序的主要区别是（　　　　）。

　　　A. 登记总分类账的依据和方法不同

　　　B. 登记明细分类账的依据和方法不同

　　　C. 登记日记账的依据和方法不同

　　　D. 编制科目汇总表方法不同

13. 科目汇总表的主要缺点是（　　　　）。

　　　A. 登记总分类账的工作量大　　　B. 不能进行试算平衡

　　　C. 不能反映账户的对应关系　　　D. 不能反映各账户借方、贷方发生额

14. 需要结计本月发生额的账户，结计账簿过次页的合计数应是（　　　　）。

　　　A. 年初至本日止　　　　　　　　B. 年初至本页末止

　　　C. 本月初至本日止　　　　　　　D. 本月初至本页末止

15. 需要结计本年累计发生额的账户，结计账簿过次页的合计数应是（　　　　）。

　　　A. 年初至本日止　　　　　　　　B. 年初至本页末止

　　　C. 本月初至本日止　　　　　　　D. 本月初至本页末止

16. 不能作为登记现金日记账的记账凭证是（　　　　）。

　　　A. 现金收款凭证　　　　　　　　B. 现金付款凭证

　　　C. 银行存款收款凭证　　　　　　D. 银行存款付款凭证

17. 在登记账簿时，可以不附原始凭证的记账凭证是（　　　　）。

　　　A. 收款凭证　　　　　　　　　　B. 付款凭证

　　　C. 转款凭证　　　　　　　　　　D. 用于结账的记账凭证

二、多项选择题

1. 账簿按其用途，可以分为（　　　　）。

　　　A. 序时账簿　　　　B. 订本账簿　　　C. 分类账簿　　　D. 备查账簿

2. 账簿按其外表形式，可以分为（　　　　）。

　　　A. 订本账簿　　　　B. 活页账簿　　　C. 三栏账簿　　　D. 卡片账簿

3. 会计账簿的基本内容包括（　　　　）。

　　　A. 封面　　　　　　B. 账户　　　　　C. 扉页　　　　　D. 账页

4. 下列账户的明细账应采用多栏式的有（　　　　）。

　　　A. 管理费用　　　　B. 制造费用　　　C. 应付账款　　　D. 应收账款

5. 下列账户的明细账应采用数量金额式的有（　　　　）。

　　　A. 原材料　　　　　B. 生产成本　　　C. 库存商品　　　D. 管理费用

6. 企业从银行提取现金 1 000 元，此项业务应在（　　　　　）中登记。

　　A. 现金日记账　　　　　　　　　　B. 银行存款日记账

　　C. 总分类账　　　　　　　　　　　D. 明细分类账

7. 登记总账的依据可以是（　　　　　）。

　　A. 记账凭证　　　　　　　　　　　B. 科目汇总表

　　C. 汇总记账凭证　　　　　　　　　D. 原始凭证

8. 总账和明细账的平行登记应满足（　　　　　）要求。

　　A. 原始依据相同　　　　　　　　　B. 同期登记

　　C. 同金额登记　　　　　　　　　　D. 同方向登记

9. 账簿登记完毕后，应在记账凭证上同时进行（　　　　　）操作。

　　A. 注明已经登账的符号　　　　　　B. 注明登账的日期

　　C. 注明登账的名称　　　　　　　　D. 签名或者盖章

10. 使用活页式账页的具体做法是（　　　　　）。

　　A. 应当按账户顺序编号

　　B. 必须定期装订成册

　　C. 装订后再按实际使用的账页顺序编定页码

　　D. 装订后应另加目录，标明每个账户的名称和页次

11. 在账簿中红笔可用于（　　　　　）。

　　A. 采用红字更正的记账凭证，冲销错误记录

　　B. 在不分借贷方向的多栏式账页中，登记减少数

　　C. 在余额栏前未设借贷方向时，用以登记反向余额

　　D. 结账划线

12. 记账时不得隔页、跳行登记，如果发生隔页、跳行时，不得随意涂改，而应采取的处理方法是（　　　　　）。

　　A. 将空页、空行用红线划掉

　　B. 应将账页撕下并装入档案保存

　　C. 应加盖"作废"字样

　　D. 应注明"此页空白"或"此行空白"

　　E. 应按规定由相关人员签章

13. 各种账务处理程序下登记明细分类账的依据是（　　　　　）。

　　A. 原始凭证　　　　　　　　　　　B. 汇总原始凭证

　　C. 记账凭证　　　　　　　　　　　D. 科目汇总表

　　E. 汇总记账凭证

三、判断题

　　1. 账簿是以原始凭证为依据，由具有一定格式而又相互联系的账页所组成，用来全面、系统、连续记录反映经济业务的簿籍。（　　　）

　　2. 总分类账是分类、连续地反映企业经济业务总括情况的账簿，总分类账一般采用借、

贷、余三栏式的订本账。（　　）

3. 银行存款日记账是用来逐日逐笔序时登记银行存款的收入、支出和结存情况的账簿，出纳员在登记时仅根据审核后的银行存款收款凭证和付款凭证逐笔序时登记。（　　）

4. 卡片式账簿的优点是实用性强，能够避免账页散失，防止不合法地抽换账页。（　　）

5. 总分类账、现金及银行存款日记账一般都采用活页式账簿。（　　）

6. 记账凭证账务处理程序适用于规模较大、业务较多的单位。（　　）

7. 科目汇总表账务处理程序和汇总记账凭证账务处理程序的主要相同点在于汇总凭证的格式相同。（　　）

8. 同一个企业可以同时采用几种不同的账务处理程序。（　　）

9. 登记银行存款日记账时，若有多个对应科目，应按每一对应科目分多行登记，以明确账户间的对应关系，反映经济业务的来龙去脉。（　　）

四、名词解释

1. 账簿：

2. 总分类账：

3. 明细分类账：

4. 日记账：

五、简答题

1. 简述建账的基本步骤。

2. 简述记账凭证核算程序的工作步骤、优缺点及适用范围。

3. 简述科目汇总表核算程序的工作步骤、优缺点及适用范围。

六、项目实训

实 训 一

（一）目的：练习账簿的建立。

（二）资料：晨光公司 20×× 年 12 月各总分类账户的期初余额如表 6-1 所示。

表 6-1　总分类账户 20×× 年 12 月期初余额表　　　　单位：元

账户名称	借方金额	账户名称	贷方金额
库存现金	800	累计折旧	784 000
银行存款	360 000	应付账款	68 800
应收账款	52 000	短期借款	16 000
其他应收款	1 440	预收账款	3 680
原材料	640 000	应付职工薪酬	173 920
库存商品	480 000	应交税费	64 800
预付账款	960	实收资本	2 720 000
包装物	40 000	资本公积	320 000
固定资产	2 800 000	盈余公积	224 000
合　计	4 375 200	合计	4 375 200

晨光公司 20×× 年 12 月有关明细分类账户的期初余额如表 6-2 所示。

表 6-2　明细分类账户期初余额表　　　　金额单位：元

账户名称	数量	单价	金额
应收账款			52 000
真彩公司			24 000
同方公司			28 000
应付账款			68 800
立波公司			40 000
亚索公司			28 800

续表

账户名称	数量	单价	金额
原材料			640 000
A 材料	3 000 千克	160 元 / 千克	480 000
B 材料	2 000 千克	80 元 / 千克	160 000
库存商品			480 000
甲产品	700 件	320 元 / 件	224 000
乙产品	400 件	640 元 / 件	256 000

（三）要求：

1. 根据资料开设相关日记账及总分类账户，将期初余额登记入账。

2. 根据资料开设相关明细分类账户，将期初余额登记入账。

（四）实训耗材：

1. 三栏式现金日记账和银行存款日记账账页各 1 张（暂用活页账页）。

2. 三栏式总账一本（50 页订本式）。

3. 三栏式明细账账页 4 张。

4. 数量金额式明细账账页 4 张。

5. 多栏式生产成本明细账账页 2 张。

实　训　二

（一）目的：练习现金日记账和银行存款日记账（三栏式）的登记方法。

（二）资料：某企业 20×× 年 5 月初的现金日记账余额为 1 600 元，银行存款日记账的余额为 1 936 000 元。本月发生以下经济业务。

1. 1 日，职工蔡琳预借差旅费 600 元，以现金支付。

2. 2 日，开出现金支票，从银行提取现金 900 元备用。

3. 3 日，以现金 120 元购买办公用品。

4. 5 日，以现金 60 元支付企业管理设备修理费用。

5. 10 日，开出现金支票，从银行提取现金 51 200 元，备发工资。

6. 10 日，以现金支付购买材料装卸费 360 元。

7. 12 日，推销员黎明报销差旅费 340 元，交回多余现金。

8. 15 日，开出现金支票，从银行提取现金 1 800 元。

9. 18 日，以现金发放工资 51 200 元。

10. 25 日，开出现金支票，从银行提取现金 1 800 元。

11. 25 日，采购员陈送玲预借差旅费 1 600 元，以现金支付。

12. 27 日，采购员陈送玲因故取消出差，退回预借现金 1 600 元。

（三）要求：根据上述经济业务编制会计分录，并登记现金日记账和银行存款日记账。

（四）实训耗材：三栏式现金日记账账页和银行存款日记账账页各一张（见表 6-3、表 6-4）。

表 6-3　三栏式现金日记账账页

现金日记账

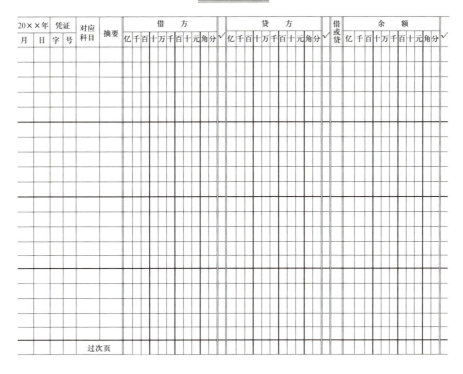

表 6-4　三栏式银行存款日记账账页

银行存款日记账

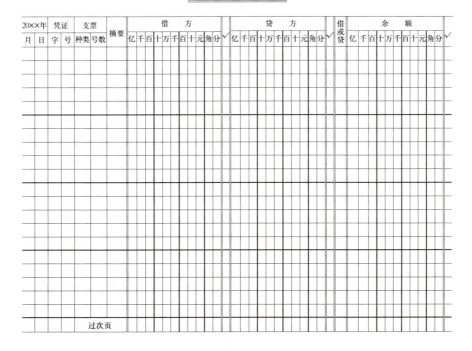

实　训　三

（一）目的：

1. 练习账簿的平行登记方法。

2. 学会三栏式、数量金额式明细账账页的登记方法。

（二）资料：

志达公司20××年10月1日原材料总分类账期初余额792 000元，其中：甲材料40 000千克，每千克10元，共计400 000元；乙材料38 000千克，每千克4元，共计152 000元；丙材料120 000千克，每千克2元，共计240 000元。该公司12月发生下列经济业务。

1. 2日，外购甲材料20 000千克，验收入库结转实际成本为200 000元。款项以银行存款支付，材料已验收入库。

2. 3日，生产领用乙材料30 000千克，计120 000元。

3. 6日，生产领用甲材料16 000千克，计160 000元。

4. 10日，生产车间修理机器设备领用丙材料6 000千克，计12 000元。

5. 11日，外购乙材料40 000千克，验收入库结转实际采购成本160 000元，款项由银行付讫。

6. 14日，外购乙材料20 000千克，验收入库结转实际采购成本80 000元，款项以银行存款支付。

7. 16日，外购丙材料120 000千克，验收入库结转实际采购成本240 000元，款项以银行存款支付。

8. 19日，生产领用甲材料14 000千克，计140 000元。

9. 20日，生产领用乙材料60 000千克，计240 000元。

10. 27日，生产领用丙材料126 000千克，计252 000元。

（三）要求：

1. 根据资料开设原材料总账及其明细账，并将期初余额登记入账。

2. 依据本期业务登记原材料明细账的发生额并计算期末余额。

3. 依据本期业务登记原材料总账的发生额并计算期末余额，将原材料总账与明细账进行核对。

（四）实训耗材：三栏式总账账页1张；数量金额式明细账账页3张。

实　训　四

（一）目的：练习记账凭证核算程序。

（二）资料：志达公司20××年12月1日总分类账户和有关明细分类账户余额如表6-5、表6-6所示。

表 6-5 总分类账户余额表　　　　　　金额单位：元

账户名称	借方金额	账户名称	贷方金额
库存现金	3 800	累计折旧	54 000
银行存款	178 000	应付账款	4 500
应收账款	3 600	应付利息	2 700
其他应收款	1 800	实收资本	306 000
原材料	45 000	盈余公积	45 000
库存商品	18 000	本年利润	162 000
固定资产	324 000		
合　计	574 200	合　计	574 200

表 6-6 明细分类账户余额表　　　　　　金额单位：元

账户名称	数量	单价	金额
应收账款			3 600
天河公司			900
南苑公司			2 700
应付账款			4 500
白云公司			1 800
虹桥公司			2 700
原材料			45 000
A 材料	2 000 千克	9 元/千克	18 000
B 材料	6 000 千克	4.5 元/千克	27 000
库存商品	400 件	45 元/件	18 000

志达公司 20×× 年 12 月发生的经济业务如下（价款中均不含增值税）。

1. 2 日，从白云公司购入 A 材料 1 000 千克，单价 8.8 元，共计 8 800 元，运杂费 200 元，增值税税率为 13%，均用银行存款付讫。

2. 3 日，购入的 A 材料验收入库。

3. 3 日，生产产品领用 A 材料 1 500 千克，计 13 500 元；领用 B 材料 4 000 千克，计 18 000 元。

4. 5 日，车间管理部门领用 A 材料 50 千克，计 450 元；B 材料 80 千克，计 360 元。公司管理部门领用 A 材料 30 千克，计 270 元；B 材料 40 千克，计 180 元。

5. 8 日，从虹桥公司购入 B 材料 4 000 千克，单价 4.4 元，共计 17 600 元，货款未付，增值税税率为 13%。

6. 9 日，用库存现金支付购入 B 材料的运杂费 400 元。

7. 9 日，购入的 B 材料运到并验收入库。

8. 10 日，销售产品 100 件，单价 90 元，共计 9 000 元，增值税税率为 13%，货款已通过银行收讫。

9. 12 日，计算分配本月应付职工薪酬 13 500 元，其中：生产工人工资 9 000 元，车间管理人员工资为 1 800 元，公司管理人员工资为 2 700 元。

10. 12 日，按工资薪酬总额的 14% 提取应付福利费 1 890 元，其中：生产工人 1 260 元，车间管理人员为 252 元，公司管理人员工资为 378 元。

11. 14 日，通过银行向职工发放本月职工薪酬 13 500 元。

12. 16 日，以银行存款支付前欠白云公司货款 1 800 元，前欠虹桥公司货款 1 350 元。

13. 20 日，销售给天河公司产品 500 件，单价 90 元，共计 45 000 元，增值税税率为 13%，货款尚未收到。

14. 20 日，以库存现金支付产品销售费用 1 800 元。

15. 21 日，以银行存款支付本月电费 1 800 元，其中：生产车间照明耗用 450 元，公司管理部门耗用 1 350 元。

16. 22 日，以现金 603 元支付生产车间修理费。

17. 25 日，用银行存款支付广告费 900 元。

18. 25 日，用现金 90 元购买管理用办公用品。

19. 28 日，收到天河公司通过银行转来的前欠货款 52 200 元。

20. 31 日，计提本月固定资产折旧费 5 400 元。其中，生产车间计提 4 500 元，公司管理部门计提 900 元。

21. 31 日，结转本月发生的制造费用 8 415 元。

22. 31 日，本月投产的产品 1 115 件全部完工并验收入库，其单位成本 45 元，总成本为 50 175 元。

23. 31 日，结转本月已销售产品的成本 27 000 元。

24. 31 日，将本月产品销售收入 54 000 元转入本年利润。

25. 31 日，将本月产品销售成本 27 000 元转入本年利润。

26. 31 日，将本月管理费用 5 868 元、销售费用 2 700 元转入本年利润。

27. 31 日，计算本年应缴纳所得税费用，所得税税率为 25%。

28. 31 日，将本年所得税费用转入本年利润。

29. 31 日，按净利润的 10% 计提盈余公积金。

（三）要求：

1. 根据上述业务编制收、付、转记账凭证。

2. 根据记账凭证结合原始凭证登记有关日记账、明细账。

3. 根据记账凭证登记总账。

（四）实训耗材：

1. 专用记账凭证 40 张。

2. 现金和银行存款日记账账页各 2 张（也可用活页账页代替）。

3. 三栏式、数量金额式明细账账页各 5 张。

4. 总账账页 50 页（也可用活页账页代替）。

实 训 五

（一）**目的**：练习科目汇总表核算程序。

（二）**资料**：见实训四。

（三）**要求**：

1. 根据实训四业务编制通用记账凭证。

2. 根据记账凭证结合原始凭证登记有关日记账、明细账。

3. 编制全月一次科目汇总表，并根据科目汇总表登记总账。

（四）**实训耗材**：

1. 通用记账凭证 40 张。

2. 现金和银行存款日记账账页各 2 张（也可用活页账页代替）。

3. 三栏式、数量金额式明细账账页各 5 张。

4. 科目汇总表 2 张。

5. 总账账页 50 页（也可用活页账页代替）。

对账与结账

一、单项选择题

1. 技术推算盘点法通常用于（　　　）的盘点。

   A. 固定资产　　　　　　　　　　　B. 流动资产

   C. 现金　　　　　　　　　　　　　D. 量大、难以逐一清点的材料

2. 以下情况中宜采用局部清查的是（　　　）。

   A. 企业被兼并

   B. 企业清产核资

   C. 企业更换财产保管人员

   D. 企业改为股份制试点企业所进行的清查

3. 某企业在财产清查中盘盈材料一批，原因待查，此时，应根据（　　　）进行账务处理。

   A. 盘存单　　　　　　　　　　　　B. 实存账存对比表

   C. 进货单　　　　　　　　　　　　D. 发货单

4. 企业库存材料发生非常损失，经批准应列入（　　　）账户。

   A. 管理费用　　　　　　　　　　　B. 营业外支出

   C. 其他业务支出　　　　　　　　　D. 本年利润

5. 对库存现金进行清查时，一般进行（　　　）。

   A. 账面清查　　　　　　　　　　　B. 实地清查

   C. 账账核对　　　　　　　　　　　D. 账证核对

6. 对于盘亏的存货，如属于自然损耗，经批准应列入（　　　）账户。

   A. 管理费用　　　B. 其他应收款　　　C. 营业外支出　　　D. 营业外收入

7. 一般来说，年终决算之前，要进行（　　　）。

   A. 全面清查　　　B. 实地清查　　　C. 技术推算　　　D. 局部清查

8. 财产物资的盘盈是指（　　　）。

　　A. 账存数大于实存数　　　　　　　B. 账存数小于实存数

　　C. 实存数小于账存数　　　　　　　D. 记账误差导致多记的数额

9. 银行存款实有数的清查，主要是将（　　　）进行核对。

　　A. 银行存款日记账和总分类账

　　B. 银行存款日记账和收、付款凭证

　　C. 银行存款日记账和对账单

　　D. 银行存款总账和银行存款收、付款凭证

10. 在财产清查中，企业的在途材料、商品和货币资金（　　　）。

　　A. 不属于企业全面清查的范围　　　B. 不需要进行清查

　　C. 应属于企业全面清查的范围　　　D. 不属于企业财产清查的范围

11. 在结账之前，若发现账簿记录有错误，而记账凭证没有错误，则采用（　　　）进行更正。

　　A. 划线更正法　　B. 红字更正法　　C. 补充登记法　　D. 直接冲销法

12. 记账后，发现记账凭证中的应借、应贷会计科目有错误，应采用（　　　）进行更正。

　　A. 划线更正法　　B. 红字更正法　　C. 补充登记法　　D. 直接冲销法

13. 记账后，发现记账凭证和账簿中所记金额大于应记金额，而应借、应贷的会计科目并无错误，应采用（　　　）进行更正。

　　A. 划线更正法　　B. 红字更正法　　C. 补充登记法　　D. 直接冲销法

14. 记账后，发现记账凭证和账簿中所记金额小于应记金额，而应借、应贷的会计科目并无错误，应采用（　　　）进行更正。

　　A. 划线更正法　　B. 红字更正法　　C. 补充登记法　　D. 直接冲销法

15. 登记现金日记账时，误将记账凭证中的"26 300"抄成"2 630"，应采用（　　　）更正。

　　A. 划线更正法　　B. 红字更正法　　C. 补充登记法　　D. 蓝字更正法

16. 新的会计年度开始，可以继续使用而不必更换新账的有（　　　）。

　　A. 多栏式日记账　　　　　　　　　B. 银行存款日记账

　　C. 固定资产卡片账　　　　　　　　D. 管理费用明细账

17. 对于没有余额的账户，应在"借或贷"栏内标（　　　）。

　　A. 借　　　　　　B. 贷　　　　　　C. 平　　　　　　D. 0

18. 会计账簿的扉页主要标明（　　　）。

　　A. 账簿的名称　　　　　　　　　　B. 账户的名称

　　C. 科目索引　　　　　　　　　　　D. 账簿启用和经管人员一览表

19. 会计账簿的更换通常在（　　　）进行。

　　A. 每月月初时　　　　　　　　　　B. 所有账页登记完毕时

　　C. 最先出现的预留账页登记完毕时　D. 新会计年度建账时

20. 对需要结计本月发生额的账户，结计"过次页"的本页合计数应当为（　　　）。

　　A. 自本页第一行起至本页末止的发生额合计数

　　B. 自本月初起至本页末止的发生额合计数

　　C. 自年初起至本页末止的累计数

　　D. 自上月最后一天起至本页末止的发生额合计数

21. 需要结计本年累计发生额的某些明细账户，12 月月末结账时应在 12 月合计行下结出自年初起至本年年末止的累计发生额，登记在 12 月发生额下面，在摘要栏内注明"本年累计"字样，并在（　　　）。
    A. 累计发生额下面划双红线　　　　　　B. 累计发生额下面划单红线
    C. 累计发生额下面通栏划双红线　　　　D. 累计发生额下面通栏划单红线

22. 某企业财产物资账面期初余额 20 000 元，本期增加额 10 000 元，采用永续盘存制确定的本期减少额 14 000 元。如果该企业对财产物资采用实地盘存制度，期末确定的实存额 8 000 元。两种方法确定的本期减少额之间相差（　　　）元。
    A. 9 000　　　　　B. 3 000　　　　　C. 8 000　　　　　D. 11 000

23. 某企业银行存款日记账余额 58 000 元，银行已收企业未收款项 10 000 元，企业已付银行未付款项 12 000 元，银行已付企业未付款项 8 000 元，调节后的银行存款余额是（　　　）元。
    A. 58 000　　　　　B. 54 000　　　　　C. 60 000　　　　　D. 56 000

24. 将本公司前欠的旭日工厂的货款 180 000 元转作该厂对本企业的投资。张会计编制的分录是：
    借：应付账款——旭日工厂　　　　　　　　　　　18 000
    　　贷：实收资本——旭日工厂　　　　　　　　　　　　18 000
    假如你在审核凭证时发现其有错误，请告诉张会计正确的更正方法是（　　　）。
    A. 划线更正法　　B. 红字更正法　　C. 补充登记法　　D. 撕掉重填一张

25. 用转账支票归还前欠 A 公司货款 500 000 元，会计人员编制的记账凭证为：
    借：应收账款　　　　　　　　　　　　　　　500 000
    　　贷：银行存款　　　　　　　　　　　　　　　　500 000
    记账凭证审核并已登记入账，则该记账凭证（　　　）。
    A. 有错误，撕掉重编正确的记账凭证
    B. 有错误，适用划线更正法更正
    C. 有错误，适用红字冲销法更正
    D. 正确无误

二、多项选择题

1. 企业财产清查的内容包括（　　　　　）。
   A. 实物清查　　　　B. 债权清查　　　　C. 货币资金清查　　D. 债务清查

2. 单位主要领导调离工作前进行的清查属于（　　　　　）。
   A. 全面清查　　　　B. 局部清查　　　　C. 定期清查　　　　D. 不定期清查

3. 存货盘存制度一般有（　　　　　）。
   A. 永续盘存制　　　　　　　　　　B. 定期盘点制
   C. 不定期盘点制　　　　　　　　　D. 实地盘存制

4. 不定期清查主要是在（　　　　　）进行的。
   A. 更换财产、现金的保管人员时

B. 发生自然灾害和意外损失时

C. 进行临时性清产核资时

D. 年末

5. 以下各项中既属于不定期又属于全面清查的有（   ）。

A. 单位撤销、改变隶属关系时的财产清查

B. 发生非常灾害和意外损失时的清查

C. 开展清产核资时的清查

D. 更换仓库保管员时的清查

6. 财产清查的准备工作有（   ）。

A. 对于已发生的经济业务全部入账，结算出总账和明细账户的余额

B. 核对账证、账账，使之分别相等

C. 准备好各种量具和验具

D. 填制盘存单

7. 造成账存、实存数差异的主要原因是（   ）。

A. 财产收发时的量具精度差异

B. 管理不善或自然因素

C. 在填制凭证、登记账簿时，发生错记和计算错误

D. 未达账项

8. 属于往来账清查的有（   ）。

A. 应收账款   B. 应付账款

C. 现金及银行存款   D. 其他应收、应付款

9. 银行未达账项主要有（   ）。

A. 企业存入的款项，企业已记录增加，银行未入账

B. 企业开出支票并已作存款减少而银行尚未入账

C. 委托银行代付的款项，银行已付而企业尚未入账

D. 银行同企业有争议的款项

10. "待处理财产损溢"账户的借方登记（   ）。

A. 企业盘盈的财产数额   B. 企业盘亏的财产数额

C. 企业报批后转销的盘亏数额   D. 企业报批后转销的盘盈数额

11. 更正错账的方法有（   ）。

A. 划线更正法   B. 补充登记法   C. 增减登记法   D. 红字记账法

12. 会计上使用红色墨水记账的情况有（   ）。

A. 错账更正   B. 无方向时登记减少

C. 三栏式账中表示负数   D. 月结划线

三、判断题

1. 采用永续盘存制的企业不需要进行实地盘点。（   ）

2. 全面清查是定期的，局部清查是不定期的。（   ）

3. 由于现金流动性大，因此每日终了必须由出纳员自行盘点一次，必要时可突击抽查。（　　　）

4. 对实物进行实地清查时，除清查人员必须在场外，其他人员一律不准在现场。（　　　）

5. 只要账簿记录正确，就说明账簿所做的记录真实可靠，就不会造成账实不符，不需进行财产清查。（　　　）

6. 在实地盘存制下，月末对财产物资进行清查盘点的目的在于确定期末账面结存数，在此基础上倒推出本期减少数，据以登记账簿。（　　　）

7. 对于未达账项应编制银行存款余额调节表进行调节，同时对未达账项编制记账凭证调整入账。（　　　）

8. 对于无法收回的应收款项，应记入"待处理财产损溢"账户，批准后转入有关账户。（　　　）

9. 采用永续盘存制，能在账簿中及时反映财产物资的增减变动及结存情况，因此，无须对财产物资进行清查盘点。（　　　）

10. 单位改变隶属关系前应进行局部清查。（　　　）

11. "银行存款余额调节表"可以作为登账的根据。（　　　）

12. 借方或贷方发生额中，偶然发生多记或少记并相互抵消的情况，此类错误不会影响试算平衡表的借贷平衡关系。（　　　）

13. 启用订本式账簿，应当从第一页到最后一页顺序编定页数，不得跳页缺号。（　　　）

14. 每一账页登记完毕结转下页时，应将结出的本页合计数及余额写在下页第一行有关栏内，并在摘要栏内注明"承前页"字样。（　　　）

15. 对既不需要结计本月发生额也不需要结计本年累计发生额的账户，可以只将每页末的余额结转次页。（　　　）

16. 新的会计年度开始时，必须更换全部账簿。（　　　）

17. 对于因未达账项而使企业银行存款日记账余额和银行对账单余额出现的差异，无须作账面调整，待结算凭证到达后再进行账务处理，登记入账。（　　　）

18. 办理月结，应在各账户最后一笔记录下面划一条通栏红线，在红线下计算出本月发生额及月末余额，并在摘要栏注明"本月合计"或"本月发生额及余额"字样，然后在下面再划一条双红线。（　　　）

四、名词解释

1. 对账：

2. 结账：

3. 未达账项：

4. 永续盘存制：

5. 实地盘存制：

五、简答题

1. 未达账项有哪几种情况？

2. 永续盘存制和实地盘存制在计算期末余额的方法上有什么区别？

3. 什么是财产清查？进行财产清查有哪些重要意义？

六、项目实训

实 训 一

（一）目的：练习财产清查结果的处理。

（二）资料：光盛公司 20×× 年 12 月进行财产清查时，发生以下盘盈、盘亏情况，

1. 盘盈甲材料 100 千克，每千克单价 20 元。

2. 盘亏乙材料 10 千克，每千克单价 30 元。

3. 盘亏丙材料 5 千克，每千克单价 10 元。

4. 盘亏机器设备一台，其账面价值 100 000 元，已提折旧 45 000 元。

5. 出纳员短少现金 175 元。

上述业务经有关部门查核，做如下处理。

1. 盘盈的甲材料 100 千克系计量工具不准所致，作冲减管理费用处理。

2. 盘亏的乙材料 10 千克，其中 7 千克系定额内损耗，其余 3 千克系保管人员张思失职所致，应由其负责赔偿。

3. 盘亏的丙材料 5 千克是由于对方少发所造成的，经联系对方同意退款，但款项尚未收到。

4. 盘亏的机器设备系本单位保管不善而丢失，作本单位损失处理。

5. 现金短少系出纳员责任，责令赔偿，尚待扣收。

（三）要求：根据上述资料编制会计分录。

实 训 二

（一）目的：练习错账的更正方法。

（二）资料：光盛公司将账簿记录与记账凭证核对时，发现下列经济业务的凭证内容或账簿记录有误。

（三）要求：将以下各项经济业务账簿处理的错误，分别采用适当的更正错账方法予以更正。

1. 开出现金支票 12 800 元，支付企业行政管理部门日常零星开支。原编制记账凭证的会计分录为：

借：管理费用   12 800

 贷：库存现金   12 800

更正方法：

步骤：

2. 结转本月实际完工产品的制造费用共计 45 000 元。原编制记账凭证的会计分录为：

借：库存商品   54 000

 贷：制造费用   54 000

更正方法：

步骤：

3. 收到购货单位偿还上月所欠货款 87 000 元存入银行。原编制记账凭证的会计分录为：

借：银行存款   78 000

 贷：应收账款   78 000

更正方法：

步骤：

4. 结算本月应付职工工资，其中生产工人工资为 2 800 000 元，车间管理人员工资为 120 000 元，企业行政管理人员工资为 140 000 元，原编制记账凭证的会计分录为：

借：生产成本   2 800 000
　　制造费用   12 000
　　管理费用   140 000
　　贷：应付职工薪酬   2 952 000
更正方法：

步骤：

5. 结转本月已销售产品的销售成本 540 000 元。原编制记账凭证的会计分录为：
借：主营业务成本   450 000
　　贷：库存商品   450 000
更正方法：

步骤：

6. 用银行存款支付所欠供货单位货款 36 000 元。原编制记账凭证的会计分录为：
借：应付账款   56 000
　　贷：银行存款   56 000
更正方法：

步骤：

7. 采购员回来报销属于管理费用开支的差旅费 4 000 元，原借 6 000 元，余款交回现金。原编制记账凭证为：
借：管理费用   4 000
　　库存现金   2 000
　　贷：其他应收款   6 000

该记账凭证在登记总账时，"其他应收款"账户贷方所记金额为 600 元。

更正方法：

步骤：

8. 收到购货单位暂存的包装物押金 7 800 元存入银行。原编制记账凭证的会计分录为：

借：银行存款　　　　　　　　　　　　　　　8 700

　　贷：其他应收款　　　　　　　　　　　　　　8 700

更正方法：

步骤：

实 训 三

（一）目的：练习银行存款余额调节表的编制。

（二）资料：光盛公司 20×× 年 6 月 30 日银行对账单的存款余额为 250 000 元，银行存款日记账余额为 161 000 元。经核对，公司与银行均无记账错误，但是发现有下列未达账项，资料如下。

1. 6 月 28 日，光盛公司开出一张金额为 80 000 元的转账支票用以支付供货方货款，但供货方尚未持该支票到银行兑现。

2. 6 月 29 日，光盛公司送存银行的某客户转账支票 20 000 元，因对方存款不足而被退票，而公司未接到通知。

3. 6 月 30 日，光盛公司当月的水电费用 1 500 元银行已代为支付，但公司未接到付款通知而尚未入账。

4. 6 月 30 日，银行计算应付给光盛公司的利息 500 元，银行已入账，而公司尚未收到收款通知。

5. 6 月 30 日，光盛公司委托银行代收的款项 50 000 元，银行已转入公司的存款户，但公司尚未收到通知入账。

6. 6 月 30 日，光盛公司收到购货方转账支票一张，金额为 20 000 元，已经送存银行，但银行尚未入账。

（三）要求：请代光盛公司完成银行存款余额调节表的编制（见表 7–1）。

表7-1   银行存款余额调节表

编制单位：光盛公司   年 月 日   单位：元

项目	金额	项目	金额
银行存款日记账余额		银行对账单余额	
加：银行已收企业未收的款项合计		加：企业已收银行未收的款项合计	
减：银行已付企业未付的款项合计		减：企业已付银行未付的款项合计	
调节后的余额		调节后的余额	

实 训 四

（一）目的：进一步练习银行存款余额调节表的编制。

（二）资料：某企业20××年11月"银行存款日记账"和"银行对账单"内容如表7-2、表7-3所示。

表7-2   银行存款日记账

20××年11月

月	日	凭证号	摘要	借方	贷方	余额
11	1	略	承前页			115 973.70
	2		销售产品	3 109.86		119 083.56
	5		支付下半年报刊费		2 000.00	117 083.56
	6		归还前欠货款		1 680.00	115 403.56
	10		收到前欠货款	800.00		116 203.56
	12		现金解款	4 300.00		120 503.56
	14		购原材料		6 540.30	113 963.26
	15		提现发放工资		6 760.00	107 203.26
	16		支付统筹养老		3 500.00	103 703.26
	18		销售产品	3 741.66		107 444.92
	20		现金解款	870.00		108 314.92
	22		购劳保用品		187.20	108 127.72
	23		销售产品	2 990.52		111 118.24

续表

20××年		凭证号	摘要	借方	贷方	余额
月	日					
	24		购原材料		1 240.20	109 878.04
	24		支付招待费		350.00	109 528.04
	24		销售产品	2 836.08		112 364.12
	25		提取现金		3 500.00	108 864.12
	25		销售产品	2 400.84		111 264.96
	26		购原材料		4 001.40	107 263.56
	26		销售产品	2 892.24		110 155.80
	27		现金解款	1 540.00		111 695.80
	28		销售产品	3 706.56		115 402.36
	29		支付广告费		296.44	115 105.92
	30		销售产品	2 035.80		117 141.72
	30		本月合计	31 223.56	30 055.54	117 141.72

表 7-3　银行对账单

户名：×企业　　　　　　　　20××年11月30日

20××年		摘要	借方	贷方	借或贷	余额
月	日					
11	1	承前页			贷	115 973.70
	2	划款		3 109.86	贷	119 083.56
	5	划款	2 000.00		贷	117 083.56
	6	划款	1 680.00		贷	115 403.56
	10	收款		800.00	贷	116 203.56
	12	解现		4 300.00	贷	120 503.56
	14	划款	6 540.30		贷	113 963.26
	15	支取	6 760.00		贷	107 203.26
	16	划款	3 500.00		贷	103 703.26
	18	收款		3 741.66	贷	107 444.92
	20	解现		870.00	贷	108 314.92
	22	划款	187.20		贷	108 127.72

续表

20××年		摘要	借方	贷方	借或贷	余额
月	日					
	23	收款		2 990.52	贷	111 118.24
	24	划款	1 240.20		贷	109 878.04
	24	划款	350.00		贷	109 528.04
	24	收款		2 836.08	贷	112 364.12
	25	支取	3 500.00		贷	108 864.12
	25	收款		2 400.84	贷	111 264.96
	26	收款		2 892.24	贷	114 157.20
	27	收款		3 264.30	贷	117 421.50
	27	解现		1 540.00	贷	118 961.50
	28	划款	203.40		贷	118 758.10
	29	划款	4 043.52		贷	114 714.58
	30	收款		2 035.80	贷	116 750.38
	30	收款		2 927.34	贷	119 677.72

（三）要求：将"银行存款日记账"与"银行对账单"逐步核对后，编制银行存款余额调节表（见表7-4）。

表7-4　银行存款余额调节表

编制单位：×企业　　　　　　　20××年11月30日　　　　　　　单位：元

项目	金额	项目	金额
银行存款日记账余额		银行对账单余额	
调节后的余额		调节后的余额	

一、单项选择题

1. 某小企业期末"工程物资"账户的借方余额为 100 万元,"生产成本"账户的借方余额为 80 万元,"原材料"账户的借方余额为 120 万元。假定不考虑其他因素,该企业资产负债表中"存货"项目的金额为（　　　）万元。

   A. 120　　　　　　　　B. 200　　　　　　　　C. 220　　　　　　　　D. 300

2. 在资产负债表（小企业）中,可按总分类账户的余额直接填列的是（　　　）。

   A. 货币资金　　　　　　　　　　　　B. 存货

   C. 应收账款　　　　　　　　　　　　D. 应付职工薪酬

3. 在资产负债表（小企业）中,应按几个总分类账户的余额计算填列的是（　　　）。

   A. 货币资金　　　　　　　　　　　　B. 应付职工薪酬

   C. 应交税费　　　　　　　　　　　　D. 短期借款

4. 资产负债表（小企业）中的"应收账款"项目,应根据（　　　）填列。

   A. "应收账款"总分类账户的期末余额

   B. "应收账款"总分类账户所属的明细分类账户的期末余额

   C. "应收账款"和"应付账款"总分类账户的本期借方余额的差额

   D. "应收账款"和"预收账款"总分类账户所属各明细分类账户的期末借方余额合计数

5. 某小企业"应收账款"账户月末借方余额 20 000 元,其中,"应收账款——甲公司"明细账户借方余额 35 000 元,"应收账款——乙公司"明细账户贷方余额 15 000 元。"预收账款"账户月末贷方余额 15 000 元,其中:"预收账款——A 公司"明细账户贷方余额 25 000 元,"预收账款——B 公司"明细账户借方余额 10 000 元。该企业月末资产负债表中"应收账款"项目的金额为（　　　）元。

   A. 45 000　　　　　　　B. 40 000　　　　　　　C. 25 000　　　　　　　D. 15 000

6. 某小企业"应付账款"账户月末贷方余额 40 000 元,其中,"应付账款——甲公司"明细账户贷方余额 35 000 元，"应付账款——乙公司"明细账户贷方余额 5 000 元。"预付账款"账户月末贷方余额 30 000 元，其中："预付账款——A 公司"明细账户贷方余额 50 000 元，"预付账款——B 公司"明细账户借方余额 20 000 元。该企业月末资产负债表中"应付账款"项目的金额为（　　　　）元。

A. 90 000　　　　　B. 70 000　　　　　C. 50 000　　　　　D. 20 000

7. 以下项目中属于资产负债表中流动资产项目的是（　　　　）。

A. 预收账款　　　　B. 预付账款　　　　C. 无形资产　　　　D. 固定资产

8. 资产负债表中"未分配利润"项目应根据（　　　　）账户的期末余额填列。

A. 本年利润　　　　　　　　　　　B. 利润分配

C. 本年利润和利润分配　　　　　　D. 应付利润

9. 利润表应根据（　　　　）分析填列。

A. "本年利润"账户　　　　　　　　B. "利润分配"账户

C. 损益类账户的发生额　　　　　　D. 损益类账户的余额

10. 利润表是反映企业（　　　　）经营成果的报表。

A. 一个时点　　　　　　　　　　　B. 某一特定日期

C. 一年　　　　　　　　　　　　　D. 某一会计期间

二、多项选择题

1.《小企业会计准则》规定，小企业编制的财务报表至少应当包括（　　　　　　）。

A. 资产负债表　　　　B. 利润表　　　　C. 现金流量表　　　　D. 报表附注

2.《小企业会计准则》规定，以下报表中应按月编制的是（　　　　　　）。

A. 资产负债表　　　　　　　　　　B. 利润表

C. 现金流量表　　　　　　　　　　D. 所有者权益变动表

3. 下列属于会计报表编制要求的有（　　　　　　）。

A. 数字真实　　　　B. 计算准确　　　　C. 内容完整　　　　D. 报送及时

4. 资产负债表中的"货币资金"项目包括企业的（　　　　　　）。

A. 库存现金　　　　B. 银行存款　　　　C. 其他货币资金　　　D. 预付账款

5. 在资产负债表中，应按几个总分类账户的余额计算填列的是（　　　　　　）。

A. 货币资金　　　　B. 存货　　　　C. 应交税费　　　　D. 应付职工薪酬

6. 资产负债表中的"存货"项目包含以下科目中的（　　　　　　）。

A. 在途物资　　　　B. 原材料　　　　C. 库存商品　　　　D. 生产成本

7. 资产负债表（小企业）以下项目中，可以根据相关总账账户余额直接填列的有（　　　　　　）。

A. 应收账款　　　　B. 应付利润　　　　C. 应付票据　　　　D. 实收资本

8. 通过资产负债表，可以反映企业（　　　　　　）。

A. 某一时点的财务状况　　　　　　B. 某一时点的偿债能力

C. 某一期间的经营成果　　　　　　D. 某一期间的获利能力

9. 下列各项中影响企业"营业利润"的有（　　　　　　）。

A. 销售费用　　　　B. 投资收益　　　　C. 营业外收入　　　　D. 所得税费用

10. 小企业采用多步式利润表，将"净利润"计算过程划分为（　　　　　）几个层次。

    A. 主营业务利润　　　　　　　　B. 营业利润

    C. 利润总额　　　　　　　　　　D. 净利润

11. 应在财务会计报告上签名并盖章的人有（　　　　　）。

    A. 会计主管人员　　　　　　　　B. 总经理

    C. 单位负责人　　　　　　　　　D. 董事长

三、判断题

1. 小企业资产负债表中的"长期借款"项目是根据"长期借款"总账科目余额分析填列的。（　　　）

2. 资产负债表中"存货"项目应根据"原材料"账户期末余额填列。（　　　）

3. 小企业资产负债表中的"无形资产"项目是根据"无形资产"总账科目余额直接填列的。（　　　）

4. 按照《小企业会计准则》规定，小企业的利润表不显示"主营业务收入"和"其他业务收入"。（　　　）

5. 资产负债表"年初余额"栏内各项数字，通常根据上年年末资产负债表"期末余额"栏内所列数字填列。如果上年度资产负债表规定的各个项目的名称和内容与本年度不相一致，应对上年年末资产负债表各相关项目的名称和数字按照本年度的规定进行调整，填入表中"年初余额"栏内。（　　　）

四、名词解释

1. 财务报告：

2. 会计报表：

3. 资产负债表：

4. 利润表：

5. 现金流量表：

五、简答题

1.会计信息的质量要求有哪些？

2.简述资产负债表的编制方法。

3.简述利润表的编制方法。

六、项目实训

实训一　资产负债表的编制

（一）目的：练习编制企业资产负债表。

（二）资料：MM 公司（小企业）20××年12月31日各账户余额如表 8-1 所示。

表 8-1　账户余额表

20××年12月31日　　　　　　　　　　　　　　　　单位：元

账户名称	借方金额	账户名称	贷方金额
库存现金	14 400	短期借款	1 440 000
银行存款	492 400	应付账款	612 600
短期投资	250 000	其他应付款	54 416
应收票据	84 000	应付职工薪酬	111 240
应收账款	720 000	累计折旧	180 000
其他应收款	19 280	应交税费	243 420
库存商品	4 245 360	应付利息	204 564
周转材料	207 160	长期借款	216 000
长期债券投资	450 000	实收资本	4 320 000

续表

账户名称	借方金额	账户名称	贷方金额
固定资产	1 468 000	资本公积	55 320
		盈余公积	494 400
		未分配利润	18 640
合　计	7 950 600	合　计	7 950 600

（三）要求：根据所给资料编制 MM 公司 20××年 12 月 31 日资产负债表（见表 8-2）。

表 8-2　资产负债表

会小企 01 表

编制单位：　　　　　　　　　　　年　　月　　日　　　　　　　　　单位：元

资产	行次	期末余额	年初余额	负债和所有者权益（或股东权益）	行次	期末余额	年初余额
流动资产：				流动负债：			
货币资金	1			短期借款	31		
短期投资	2			应付票据	32		
应收票据	3			应付账款	33		
应收账款	4			预收账款	34		
预付账款	5			应付职工薪酬	35		
应收股利	6			应交税费	36		
应收利息	7			应付利息	37		
其他应收款	8			应付利润	38		
存货	9			其他应付款	39		
其中：原材料	10			其他流动负债	40		
在产品	11			流动负债合计	41		
库存商品	12			非流动负债：			
周转材料	13			长期借款	42		
其他流动资产	14			长期应付款	43		
流动资产合计	15			递延收益	44		
非流动资产：				其他非流动负债	45		
长期债券投资	16			非流动负债合计	46		
长期股权投资	17			负债合计	47		
固定资产原价	18						

续表

资产	行次	期末余额	年初余额	负债和所有者权益（或股东权益）	行次	期末余额	年初余额
减：累计折旧	19						
固定资产账面价值	20						
在建工程	21						
工程物资	22						
固定资产清理	23						
生产性生物资产	24			所有者权益（或股东权益）			
无形资产	25			实收资本（或股本）	48		
开发支出	26			资本公积	49		
长期待摊费用	27			盈余公积	50		
其他非流动资产	28			未分配利润	51		
非流动资产合计	29			所有者权益（或股东权益）合计	52		
资产总计	30			负债和所有者权益（或股东权益）总计	53		

实训二　利润表的编制

（一）目的：练习编制企业利润表。

（二）资料：GG 公司（小企业）20×× 年 1—11 月损益类各账户发生额如表 8-3 所示。

表 8-3　账户发生额表　　　　　　　　　　　　　　单位：元

账户名称	1—10 月发生额	11 月发生额
主营业务收入	18 659 800	2 062 200
其他业务收入	353 000	39 000
投资收益	27 000	3 000
营业外收入	41 760	4 640
主营业务成本	16 755 400	1 850 600
销售费用	347 580	38 620
税金及附加	184 140	20 460
其他业务成本	225 000	25 000
管理费用	201 600	22 400
财务费用	75 060	8 340
营业外支出	37 980	4 220

（三）要求：根据所给资料编制 GG 公司 20×× 年 11 月的利润表（见表 8-4）。GG 公司适用 25% 所得税税率，假定无纳税调整事项。

表8-4 利 润 表

会小企 02 表

编制单位： ＿＿＿＿年＿＿月

单位：元

项目	行次	本年累计金额	本月金额
一、营业收入	1		
减：营业成本	2		
税金及附加	3		
其中：消费税	4		
城市维护建设税	5		
资源税	6		
土地增值税	7		
城镇土地使用税、房产税、车船税、印花税	8		
教育费附加、矿产资源补偿费、排污费	9		
销售费用	10		
其中：商品维修费	11		
广告费和业务宣传费	12		
管理费用	13		
其中：开办费	14		
业务招待费	15		
研究费用	16		
财务费用	17		
其中：利息费用（收入以"-"号填列）	18		
加：投资收益（损失以"-"号填列）	19		
二、营业利润（亏损以"-"号填列）	20		
加：营业外收入	21		
其中：政府补助	22		
减：营业外支出	23		
其中：坏账损失	24		
无法收回的长期债券投资损失	25		
无法收回的长期股权投资损失	26		
自然灾害等不可抗力因素造成的损失	27		
税收滞纳金	28		
三、利润总额（亏损总额以"-"号填列）	29		
减：所得税费用	30		
四、净利润（净亏损以"-"号填列）	31		

实训三　资产负债表、利润表的编制

（一）目的：练习编制企业资产负债表和利润表。

（二）资料：丰华食品厂为公司制小企业，从事食品的生产和销售，属于增值税一般纳税人，适用增值税税率为13%、所得税税率为25%，存货采用实际成本计价法核算。假定无纳税调整事项。公司有关总分类账户20××年1月1日的年初余额、20××年的累计发生额及20××年12月31日的期末余额如表8-5所示。

表8-5　丰华食品厂总分类账户情况表

会计科目	年初余额		本期发生额		期末余额	
	借方	贷方	借方	贷方	借方	贷方
库存现金	2 000.00		290 000.00	290 000.00	2 000.00	
银行存款	1 023 000.00		923 950.00	1 605 930.00	341 020.00	
短期投资			152 000.00		152 000.00	
应收票据			1 210 950.00		1 210 950.00	
应收账款	5 000.00				5 000.00	
预付账款			15 000.00	5 000.00	10 000.00	
其他应收款	500.00				500.00	
在途物资			750 000.00	750 000.00		
原材料	1 851 400.00		1 250 930.00	2 186 820.00	915 510.00	
周转材料	40 000.00			20 000.00	20 000.00	
库存商品	210 000.00		2 503 800.00	1 005 520.00	1 708 280.00	
长期股权投资	350 000.00				350 000.00	
固定资产	4 000 000.00		150 000.00	100 000.00	4 050 000.00	
累计折旧		500 000.00	50 000.00	61 000.00		511 000.00
固定资产清理			90 000.00	90 000.00		
无形资产	100 000.00				100 000.00	
累计摊销		4 000.00		4 000.00		8 000.00
长期待摊费用			18 000.00	500.00	17 500.00	
短期借款		250 000.00				250 000.00
应付票据				585 000.00		585 000.00
应付账款		30 000.00	30 000.00			

续表

会计科目	年初余额		本期发生额		期末余额	
	借方	贷方	借方	贷方	借方	贷方
其他应付款				1 000.00		1 000.00
应付职工薪酬		26 000.00	360 600.00	360 600.00		26 000.00
应交税费			214 400.00	1 014 031.25		799 631.25
应付利润				1 117 614.38		1 117 614.38
长期借款				50 000.00		50 000.00
实收资本		4 075 150.00				4 075 150.00
盈余公积		351 750.00		223 522.88		575 272.88
本年利润			1 803 500.00	1 803 500.00		
利润分配		2 345 000.00	5 027 274.52	3 576 366.01		894 091.49
生产成本			2 513 800.00	2 503 800.00	10 000.00	
制造费用			122 600.00	122 600.00		
主营业务收入			1 485 000.00	1 485 000.00		
主营业务成本			1 005 520.00	1 005 520.00		
税金及附加			6 035.00	6 035.00		
其他业务收入			50 000.00	50 000.00		
其他业务成本			30 250.00	30 250.00		
管理费用			108 620.00	108 620.00		
销售费用			8 500.00	8 500.00		
财务费用			4 000.00	4 000.00		
投资收益			200 000.00	200 000.00		
营业外收入			68 500.00	68 500.00		
营业外支出			5 000.00	5 000.00		
所得税费用			158 893.75	158 893.75		
合　计	7 581 900.00	7 581 900.00	20 607 123.27	20 607 123.27	8 892 760.00	8 892 760.00

（三）要求：

1. 编制丰华公司 20×× 年 12 月 31 日的资产负债表（见表 8-6）。

表8-6 资产负债表

会小企01表

编制单位：　　　　　　　　　　　　　　　　　　　　　年　　月　　日

单位：元

资产	行次	期末余额	年初余额	负债和所有者权益（或股东权益）	行次	期末余额	年初余额
流动资产：				流动负债：			
货币资金	1			短期借款	31		
短期投资	2			应付票据	32		
应收票据	3			应付账款	33		
应收账款	4			预收账款	34		
预付账款	5			应付职工薪酬	35		
应收股利	6			应交税费	36		
应收利息	7			应付利息	37		
其他应收款	8			应付利润	38		
存货	9			其他应付款	39		
其中：原材料	10			其他流动负债	40		
在产品	11			流动负债合计	41		
库存商品	12			非流动负债：			
周转材料	13			长期借款	42		
其他流动资产	14			长期应付款	43		
流动资产合计	15			递延收益	44		
非流动资产：				其他非流动负债	45		
长期债券投资	16			非流动负债合计	46		
长期股权投资	17			负债合计	47		
固定资产原价	18						
减：累计折旧	19						
固定资产账面价值	20						
在建工程	21						
工程物资	22						
固定资产清理	23						
生产性生物资产	24			所有者权益（或股东权益）			

续表

资产	行次	期末余额	年初余额	负债和所有者权益（或股东权益）	行次	期末余额	年初余额
无形资产	25			实收资本（或股本）	48		
开发支出	26			资本公积	49		
长期待摊费用	27			盈余公积	50		
其他非流动资产	28			未分配利润	51		
非流动资产合计	29			所有者权益（或股东权益）合计	52		
资产总计	30			负债和所有者权益（或股东权益）总计	53		

2. 编制丰华公司 20×× 年 12 月的利润表（见表 8-7）。

表8-7　利　润　表

会小企 02 表

编制单位：　　　　　　　　　　　　　　　　　　　　_____年度　　　　　　　　　　　　　　单位：元

项目	行次	本年累计金额	上年金额
一、营业收入	1		
减：营业成本	2		
税金及附加	3		
其中：消费税	4		
城市维护建设税	5		
资源税	6		
土地增值税	7		
城镇土地使用税、房产税、车船税、印花税	8		
教育费附加、矿产资源补偿费、排污费	9		
销售费用	10		
其中：商品维修费	11		
广告费和业务宣传费	12		
管理费用	13		
其中：开办费	14		
业务招待费	15		
研究费用	16		
财务费用	17		
其中：利息费用（收入以"-"号填列）	18		

续表

项目	行次	本年累计金额	上年金额
加：投资收益（损失以"－"号填列）	19		
二、营业利润（亏损以"－"号填列）	20		
加：营业外收入	21		
其中：政府补助	22		
减：营业外支出	23		
其中：坏账损失	24		
无法收回的长期债券投资损失	25		
无法收回的长期股权投资损失	26		
自然灾害等不可抗力因素造成的损失	27		
税收滞纳金	28		
三、利润总额（亏损总额以"－"号填列）	29		
减：所得税费用	30		
四、净利润（净亏损以"－"号填列）	31		

整理归档会计资料

一、单项选择题

1. 以下内容不属于会计档案的是（　　　）。

   A. 现金日记账　　　B. 总账　　　　　C. 购销合同　　　D. 购货发票

2. 各单位每年形成的会计档案，都应由本单位（　　　）负责整理立卷，装订成册，编制会计档案保管清册。

   A. 会计管理机构　　　　　　　　B. 档案部门

   C. 人事部门　　　　　　　　　　D. 指定专人

3. 单位的（　　　）负责管理本单位的会计档案。

   A. 档案机构　　　　　　　　　　B. 档案管理机构

   C. 档案工作人员所属机构　　　　D. 会计机构

4. 活页会计账簿作为会计档案进行整理时应（　　　）。

   A. 保持账簿原状存档

   B. 重新填写账簿启用表存档

   C. 保持账簿原状，重新填写目录存档

   D. 撤去空白账页，填好总页号及分页号及目录装订存档

5. 下列关于财务会计报告这一会计档案整理的描述正确的是（　　　）。

   A. 按年度将年报、季报、月报装订在一起

   B. 年报、季报、月报分开装订，每年的年报立为一卷

   C. 将若干年的年报按时间顺序装订在一起立为一卷

   D. 会计报表附注不属于会计档案，不需要装订

6. 按照《会计档案管理办法》的规定，原始凭证的保管期限是（　　　）。

   A. 10 年　　　　　B. 20 年　　　　　C. 30 年　　　　　D. 永久

7. 计算会计档案保管期限的开始时间是（　　　）。

　　A. 每一月份的第一天　　　　　　　　B. 每一季度的第一天

　　C. 每半年度的第一天　　　　　　　　D. 每一会计年度终了后的第一天

8. 银行存款日记账的保管期限是（　　　）。

　　A. 10 年　　　　　　B. 20 年　　　　　　C. 30 年　　　　　　D. 永久

9. 企业年度财务会计报告的保管期限是（　　　）。

　　A. 10 年　　　　　　B. 20 年　　　　　　C. 30 年　　　　　　D. 永久

10. 会计档案保管期限分为永久和定期两类。定期保管会计档案的最长期限是（　　　）。

　　A. 10 年　　　　　　B. 20 年　　　　　　C. 30 年　　　　　　D. 永久

11. 需要永久保管的会计档案不包括（　　　）。

　　A. 会计档案移交清册　　　　　　　　B. 会计档案保管清册

　　C. 会计档案销毁清册　　　　　　　　D. 会计档案鉴定意见书

12. 不需要归档的会计资料是（　　　）。

　　A. 会计资料保管清册　　　　　　　　B. 会计档案移交清册

　　C. 会计档案保管清册　　　　　　　　D. 会计档案销毁清册

13. 关于会计档案移交，说法不正确的是（　　　）。

　　A. 单位会计管理机构在办理会计档案移交时，应当编制会计档案移交清册，并按照国家档案管理的有关规定办理移交手续

　　B. 纸质会计档案移交时应当保持原卷的封装

　　C. 电子会计档案移交时应当将电子会计档案及其元数据一并移交，且文件格式应当符合国家档案管理的有关规定

　　D. 单位档案管理机构接收电子会计档案时，无须检测电子会计档案的真实性、完整性、可用性、安全性

14. 关于会计档案临时保管，说法不正确的是（　　　）。

　　A. 当年形成的会计档案，在会计年度终了后，可由单位会计管理机构临时保管一年

　　B. 因工作需要确需推迟移交的，应当经单位档案管理机构同意

　　C. 单位会计管理机构临时保管会计档案最长不超过三年

　　D. 单位会计管理机构临时保管会计档案最长不超过一年

15. 关于会计档案保管，说法不正确的是（　　　）。

　　A. 会计档案的保管期限分为永久、定期两类

　　B. 定期保管期限一般分为 10 年和 30 年

　　C. 会计档案的保管期限，从会计年度终了后的第一天算起

　　D. 定期保管期限一般分为 3 年、5 年、10 年、15 年和 25 年

16. 下列会计档案电子化条件中，（　　　）是要确保电子会计档案的真实。

　　A. 形成的电子会计资料来源真实有效，由计算机等电子设备形成和传输

　　B. 采取有效措施，防止电子会计档案被篡改

　　C. 建立电子会计档案备份制度，能够有效防范自然灾害、意外事故和人为破坏的影响

　　D. 形成的电子会计资料不属于具有永久保存价值或者其他重要保存价值的会计档案

二、多项选择题

1. 会计档案是指记录和反映经济业务事项的重要历史资料和证据，一般包括（　　　）。
   A. 会计凭证　　　　B. 会计账簿　　　　C. 会计制度　　　　D. 财务计划

2. 下列会计档案中需要保管 30 年的是（　　　）。
   A. 银行存款总账　　　　　　　　　B. 银行存款日记账
   C. 汇总凭证　　　　　　　　　　　D. 辅助账簿

3. 下列各项中属于会计档案的有（　　　）。
   A. 银行对账单　　　　　　　　　　B. 银行存款余额调节表
   C. 会计档案保管清册　　　　　　　D. 会计档案销毁清册

4. 下列各项中属于会计档案的有（　　　）。
   A. 原始凭证　　　　　　　　　　　B. 年度工作计划
   C. 现金日记账　　　　　　　　　　D. 资产负债表

5. 下列各项中属于会计档案的有（　　　）。
   A. 会计凭证　　　　B. 总账　　　　C. 日记账　　　　D. 会计报表

6. 档案部门接收保管的会计档案需要拆封重新整理时，不正确的做法是（　　　）。
   A. 由原封装人员拆封整理
   B. 由原财务会计部门拆封整理
   C. 由档案部门拆封整理
   D. 由档案部门会同原财务会计部门和经办人员共同拆封整理

7. 会计档案保管期满，应由（　　　）监督销毁。
   A. 单位负责人　　　　　　　　　　B. 总会计师
   C. 档案管理机构派员　　　　　　　D. 会计管理机构派员

8. 下列关于会计档案的表述中，符合《会计档案管理办法》规定的有（　　　）。
   A. 单位会计档案经本单位会计机构负责人批准后可以对外提供查询
   B. 单位会计档案销毁须经单位负责人批准
   C. 保管期满但未结清债权债务的原始凭证，不得销毁
   D. 正在项目建设期间的建设单位，其保管期满的会计档案不得销毁

9. 销毁会计档案的正确做法是（　　　）。
   A. 会计部门提出销毁意见
   B. 档案管理部门对拟销毁会计档案进行鉴定
   C. 销毁清册必须经单位负责人签署意见
   D. 档案管理机构和会计管理机构共同派员监销

10. 为有效利用会计档案，调阅会计档案的人员履行相应手续后可以（　　　）。
    A. 抄录会计档案　　　　　　　　　B. 抽调部分会计档案
    C. 复制会计档案　　　　　　　　　D. 在档案上划线做重点标注

11. 2015 年版《会计档案管理办法》肯定了电子会计档案的法律效力，电子会计凭证的
    （　　　）等均可以实现电子化管理。
    A. 获取　　　　B. 报销　　　　C. 入账　　　　D. 归档

12. 下列属于"单位内部形成的属于归档范围的电子会计资料可仅以电子形式保存，形成电子会计档案"必要条件的是（   ）。
    A. 形成的电子会计资料来源真实有效，由计算机等电子设备形成和传输
    B. 使用的会计核算系统能够准确、完整、有效接收和读取电子会计资料，能够输出符合国家标准归档格式的会计凭证、会计账簿、财务会计报表等会计资料，设定了经办、审核、审批等必要的审签程序
    C. 使用的电子档案管理系统能够有效接收、管理、利用电子会计档案，符合电子档案的长期保管要求，并建立了电子会计档案与相关联的其他纸质会计档案的检索关系
    D. 采取有效措施，防止电子会计档案被篡改

三、判断题

1. 会计档案是指单位在进行会计核算等过程中接收或形成的，记录和反映单位经济业务事项的，具有保存价值的文字、图表等各种形式的会计资料，不包括通过计算机等电子设备形成、传输和存储的电子会计档案。（   ）

2. 单位的会计机构或者会计工作人员所属机构负责管理本单位的会计档案。单位也可以委托具备档案管理条件的机构代为管理会计档案。（   ）

3. 单位的会计机构或会计人员所属机构（统称单位会计管理机构）按照归档范围和归档要求，负责定期将应当归档的会计资料整理立卷，编制会计档案保管清册。（   ）

4. 保管期满但未结清债权债务的会计凭证和涉及其他未了事项的会计凭证不得销毁。（   ）

5. 单位从外部接收的电子会计资料附有符合《中华人民共和国电子签名法》规定的电子签名的，即可仅以电子形式归档保存，形成电子会计档案。（   ）

6. 单位应当加强会计档案管理工作，建立和完善会计档案的收集、整理、保管、利用和鉴定销毁等管理制度。（   ）

7. 根据《会计档案管理办法》形成的电子会计资料是具有永久保存价值或者其他重要保存价值的会计档案，若满足一定条件，也可以仅以电子形式保存，形成电子会计档案。（   ）

8. 单位应当采取可靠的安全防护技术和措施，保证会计档案的真实、完整、可用、安全。（   ）

9. 信息系统管理机构应派员监销电子会计档案。（   ）

10. 出纳人员可以兼管会计档案。（   ）

四、名词解释

1. 会计档案：

2. 其他会计资料：

五、简答题

1. 会计档案的保管期限有哪些?

2. 会计档案的销毁程序是什么?

六、项目实训

实　　训

（一）目的：学会会计资料的整理与装订。

（二）资料：前面学习情境中各项目实训完成的会计凭证、会计账簿和会计报表。

（三）要求：按照会计档案管理要求，规范整理会计资料并进行装订。

模拟试题一

一、单项选择题（本大题共 20 小题，每小题 1 分，共 20 分）

1. 在使用收款凭证、付款凭证和转账凭证的情况下，涉及现金和银行存款之间的划转业务，按规定（　　　）。

   A. 只填收款凭证　　　　　　　　　　B. 只填付款凭证

   C. 既填收款凭证又填付款凭证　　　　D. 只填转账凭证

2. 对于那些既要进行总分类核算又要进行明细分类核算的经济业务，在总分类账户和其所属的明细分类账户的登记时必须采用（　　　）。

   A. 复式记账　　　　B. 平行登记　　　　C. 补充登记　　　　D. 试算平衡

3. 原材料明细分类账的格式一般采用（　　　）。

   A. 三栏式　　　　B. 数量金额式　　　　C. 借方多栏式　　　　D. 贷方多栏式

4. 各种会计核算程序的主要区别在于（　　　）。

   A. 原始凭证的种类和格式不同　　　　B. 记账凭证的种类和格式不同

   C. 登记总账的依据和方法不同　　　　D. 编制会计报表的方法不同

5. 会计信息应当满足国家宏观经济管理的要求，满足有关各方了解企业财务状况和经营成果的需要，满足企业加强内部经营管理的需要，这是会计核算的（　　　）要求。

   A. 真实性原则　　　　B. 可比性原则　　　　C. 相关性原则　　　　D. 及时性原则

6. 资产、负债和所有者权益是（　　　）。

   A. 表示企业财务状况的会计要素　　　　B. 表示企业经营状况的会计要素

   C. 表示企业经营成果的会计要素　　　　D. 表示企业财务成果的会计要素

7. 会计人员在审核原始凭证过程中，对于内容填列不全、数字计算错误、手续不完备、书写不清晰的原始凭证，按规定应（　　　）。

   A. 扣留原始凭证　　　　　　　　　　B. 拒绝执行

   C. 向上级机关反映　　　　　　　　　D. 退回出具单位要求补办手续

8. 会计凭证划分为原始凭证和记账凭证两大类的依据是（   ）。

    A. 凭证填制的时间   B. 凭证填制的方法

    C. 凭证填制的程序和用途   D. 凭证反映的经济内容

9. 对库存现金进行清查的方法是（   ）。

    A. 账证核对   B. 账账核对   C. 实地盘点   D. 账实核对

10. 企业会计工作组织形式可以分为（   ）。

    A. 独立核算和非独立核算   B. 集中核算和非集中核算

    C. 定期核算和非定期核算   D. 会计核算和非会计核算

11. 不能作为记账原始依据的单据是（   ）。

    A. 发票   B. 收据   C. 经济合同   D. 领料单

12. "制造费用"账户不可能发生对应关系的账户是（   ）。

    A. 预收账款   B. 原材料   C. 应付职工薪酬   D. 库存商品

13. "本年利润"账户 5 月 31 日的贷方余额表示（   ）。

    A. 企业 5 月实现的利润

    B. 企业 5 月 31 日实现的利润

    C. 企业年初至 5 月累计实现的利润

    D. 企业年初至 5 月已预分配的利润

14. 账簿组织和记账程序有机结合的方式和步骤，称为（   ）。

    A. 会计核算前提   B. 会计核算程序   C. 会计核算方法   D. 会计核算原则

15. 下列不属于期间费用的账户为（   ）。

    A. "管理费用"账户   B. "财务费用"账户

    C. "销售费用"账户   D. "制造费用"账户

16. 通过"累计折旧"账户对"固定资产"账户进行调整，反映固定资产的（   ）。

    A. 净值   B. 增加价值   C. 减少价值   D. 原始价值

17. 在权责发生制下，下列货款中应列作本期收入的是（   ）。

    A. 本月销售产品，货款尚未收到

    B. 本月预收下月货款，存入银行

    C. 本月收到上月应收账款，存入银行

    D. 本月收到上月多付给供货方的预付货款，存入银行

18. 记账凭证核算程序登记总分类账的依据是（   ）。

    A. 原始凭证   B. 记账凭证   C. 多栏式日记账   D. 科目汇总表

19. 某企业月初资产总额 500 万元，月末资产总额 900 万元，本月增加所有者权益 100 万元，该企业本月负债增加额为（   ）万元。

    A. 300   B. 400   C. 800   D. 1 000

20. 某企业银行存款日记账余额 56 000 元，银行已收企业未收款项 10 000 元，企业已付银行未付款项 2 000 元，银行已付企业未付款项 8 000 元，调节后的银行存款余额是（   ）元。

    A. 58 000   B. 54 000   C. 62 000   D. 56 000

二、多项选择题（本大题共 10 小题，每小题 1.5 分，共 15 分）

1. 对账工作一般应从（　　　　　）进行。
   - A. 账证核对
   - B. 账账核对
   - C. 账表核对
   - D. 账单核对
   - E. 账实核对

2. 编制会计报表的要求是（　　　　　）。
   - A. 遵纪守法
   - B. 数字真实
   - C. 内容完整
   - D. 计算正确
   - E. 编制及时

3. 会计的基本职能为（　　　　　）。
   - A. 核算
   - B. 预测
   - C. 监督
   - D. 控制
   - E. 决策

4. 财产物资的盘存制度有（　　　　　）。
   - A. 权责发生制
   - B. 永续盘存制
   - C. 收付实现制
   - D. 实地盘存制
   - E. 实物负责制

5. 在会计实务中，下列账簿通常采用活页式或卡片式的有（　　　　　）。
   - A. 总分类账
   - B. 明细分类账
   - C. 现金日记账
   - D. 固定资产明细账
   - E. 银行存款日记账

6. 会计核算的基本前提是（　　　　　）。
   - A. 会计主体
   - B. 会计分期
   - C. 会计监督
   - D. 持续经营
   - E. 货币计量

7. 无法通过试算平衡表发现的错误有（　　　　　）。
   - A. 某项经济业务未入账
   - B. 某项经济业务重复入账
   - C. 借贷双方同时多记金额
   - D. 借贷双方同时少记金额
   - E. 应借应贷账户借贷方颠倒

8. 仓库使用的限额领料单属于（　　　　　）。
   - A. 自制原始凭证
   - B. 一次凭证
   - C. 外来原始凭证
   - D. 累计凭证
   - E. 证明凭证

9. 制造企业的资金循环形态有（　　　　　）。
   - A. 货币资金
   - B. 储备资金
   - C. 生产资金
   - D. 成品资金
   - E. 资产

10. 会计核算的专门方法包括（　　　　　）。

A. 设置会计科目与账户   B. 复式记账

C. 填制和审核凭证   D. 登记账簿和成本计算

E. 财产清查和编制财务报告

三、填空题（本大题共 7 小题，1 ~ 3 小题各 2 分，4 ~ 7 小题各 1 分，共 10 分）

1. 资产的特征是：①_____；②_____；③_____；④_____。

2. 会计对象说明了_____的性质，会计要素满足了_____的需要，会计科目满足了_____的需要。

3. "原材料"账户是用来核算企业_____的账户。该账户的性质属于_____类，其借方登记_____，贷方登记_____，期末余额在_____方，表示_____。

4. 借贷记账法的记账规则是_____、_____。

5. 错账的更正方法主要有：①_____；②_____；③_____。

6. 财产清查按清查的时间进行分类，可分为_____和_____。

7. 会计报表按其反映的经济内容不同，可分为_____、_____和_____。

四、判断题（本大题共 5 小题，每小题 1 分，共 5 分）

1. 账簿的更换是指在会计年度终了时，将上年度的账簿更换为次年度的新账簿。在每一会计年度结束，新的会计年度开始时，都应按会计制度的规定，更换一次总账、日记账和大部分明细账。少部分明细账还可以继续使用，年初可以不必更换账簿，如固定资产明细账等。（   ）

2. 账户的对应关系是指某个账户内借方与贷方的相互关系。（   ）

3. 会计凭证原则上不得借出，其他单位因特殊原因需要使用原始凭证时，经本单位财务负责人批准，可以复制。但应在专设的登记簿上登记，并由提供人员和收取人员共同签名或盖章。（   ）

4. 支票等重要的原始凭证若填写错误，一律不得在凭证上更正，应按规定的手续注销留存，另行重新填写。（   ）

5. "预收账款"和"预付账款"账户虽然性质不同，但其用途和结构是相同的。（   ）

五、名词解释（本大题共 2 小题，每小题 2 分，共 4 分）

1. 复式记账：

2. 会计报表：

六、简答题（本大题共 2 小题，每小题 4 分，共 8 分）

1. 简述记账凭证汇总表核算程序的工作步骤。

2. 小高因公准备与厂长到外地出差，预借差旅费 6 250 元，相关手续办好后，到出纳人员处办理借款手续。为了表示对厂长的尊重，在借支单上"经办人员处"将厂长的名字写在前面。然后，出纳人员就将现金交给了小高。请问，出纳人员这种做法对吗？为什么？

七、计算题（本大题共 2 小题，每小题 4 分，共 8 分）

1. 假设 A 产品生产发生直接材料费 90 000 元，直接人工费 70 000 元；B 产品生产发生直接材料费 10 000 元，直接人工费 60 000 元，生产 A、B 两种产品发生制造费用 24 000 元。假设本月 A、B 产品各生产 200 件，全部完工。制造费用按原材料比例分配。要求：分别计算 A、B 产品完工总成本，并填入"产品成本计算单"（见表 1）。

表 1   产品成本计算单

成本项目	A 产品		B 产品	
	总成本	单位成本	总成本	单位成本
直接材料费用				
直接人工费用				
制造费用				
合 计				

2. 已知某公司某年全年有关账户的余额资料如下：主营业务收入 1 756 700 元，其他业务收入 12 350 元，投资收益 -70 300 元，营业外收入 500 元，营业成本 665 183 元，销售费用 249 000 元，管理费用 451 000 元，财务费用 51 200 元，税金及附加 92 500 元，其他业务成本 8 000 元，营业外支出 300 元，所得税费用 54 668 元。要求：根据上述资料编制利润表（见表 2）。

表 2   利润表（简表）

会小企 02 表

编制单位：＿＿＿＿＿＿＿＿＿＿＿＿＿   ＿＿＿年＿＿月   单位：元

项　　目	行次	本年累计金额	本月金额
一、营业收入	1		
减：营业成本	2		
税金及附加	3		
销售费用	11		
管理费用	14		
财务费用	18		
加：投资收益（损失以"－"号填列）	20		
二、营业利润（亏损以"－"号填列）	21		
加：营业外收入	22		
减：营业外支出	24		
三、利润总额（亏损总额以"－"号填列）	30		
减：所得税费用	31		
四、净利润（净亏损以"－"号填列）	32		

八、账务处理题（每笔分录全对得 1.5 分，共 30 分）

信达公司 20×× 年 12 月发生如下经济业务。要求：运用借贷记账法编制会计分录，并标明必要的明细科目。

1. 向民丰厂购入甲材料 20 吨，每吨 1 000 元，购入乙材料 20 吨，每吨 500 元，增值税税率为 13%。货款及税款未付。

2. 以银行存款支付甲、乙材料共同的运杂费 500 元（运杂费按材料重量比例分配），甲、乙材料均已运到，验收入库，结转其实际采购成本（运杂费不考虑增值税）。

3. 仓库发出甲材料 16 吨，每吨 1 000 元，用于 A 产品生产；发出乙材料 8 吨，每吨 500 元，其中 6 吨用于 B 产品生产，2 吨用于车间一般性耗用。

4. 售给大达公司 A 产品 3 000 件，每件售价 100 元，B 产品 4 000 件，每件售价 50 元，增值税税率为 13%。货款及税款收到，存入银行。

5. 向银行提取现金 55 000 元，以备发放工资。

6. 以现金 55 000 元发放工资。

7. 结算本月职工工资，其中 A 产品生产工人工资 36 000 元，B 产品生产工人工资 9 000 元，车间管理人员工资 5 000 元，行政管理人员工资 5 000 元。

8. 以银行存款支付本月产品广告费 10 000 元。

9. 收到银行贷款利息清单，银行存款支付应由本月负担的银行借款利息 500 元。

10. 计提本月固定资产折旧 6 000 元，其中车间固定资产应提折旧 4 000 元，行政管理部门应提折旧 2 000 元。

11. 以现金支付本月行政管理部门的办公费 100 元，生产车间办公费 400 元。

12. 以银行存款 600 元支付车间水费。

13. 将本月发生的制造费用按 A、B 产品生产工人工资比例分配计入生产成本。

14. 本月生产的 A 产品全部完工验收入库，结转其实际生产成本，B 产品尚未完工。

15. 结转本月已销产品成本 298 700 元，其中 A 产品销售成本为 179 220 元，B 产品销售成本 119 480 元。

16. 将本月收入转入"本年利润"账户。

17. 将本月费用支出转入"本年利润"账户。

18. 年终决算后，按税法规定，全年应交所得税为 75 240 元。

19. 将本年所得税费用转入"本年利润"账户。

20. 按规定从净利润中提取法定盈余公积金 150 000 元，经研究决定给投资者分红 100 000 元，予以结转。

模拟试题二

一、单项选择题（本大题共 15 小题，每小题 1 分，共 15 分）

1. "进－缴＝存－该"会计方程式属于（　　　）记账方法。
   - A. 威尼斯簿记法
   - B. 龙门账
   - C. 四柱结算法
   - D. 四脚账

2. 会计信息的内部使用者是（　　　）。
   - A. 投资者
   - B. 债权人
   - C. 供货商和公众
   - D. 企业管理当局

3. 企业对外投资购买固定资产，发生了经济利益的流出，属于（　　　）。
   - A. 生产成本
   - B. 管理费用
   - C. 资本性支出
   - D. 费用

4. 收入是企业在日常活动中形成的、会导致所有者权益增加、与所有者投入资本无关的（　　　）。
   - A. 经济利益的总流入
   - B. 现金流入
   - C. 其他业务收入
   - D. 主营业务收入

5. 账户是根据（　　　）开设的。
   - A. 会计科目
   - B. 财务状况
   - C. 报表项目
   - D. 资金运动

6. （　　　）不属于损益类的会计科目。
   - A. 管理费用
   - B. 生产成本
   - C. 主营业务成本
   - D. 其他业务成本

7. 下列构成产品成本的费用有（　　　）。
   - A. 管理费用
   - B. 财务费用
   - C. 间接费用
   - D. 销售费用

8. （　　　）明确了会计工作的空间范围。
   - A. 会计主体
   - B. 会计客体
   - C. 持续经营
   - D. 会计分期

9. 一项资产增加，不可能引起（　　　）。

A. 另一项资产减少   B. 一项负债减少

C. 一项所有者权益增加   D. 一项负债增加

10. 流动资产是指其变现或耗用期在（   ）的资产。

     A. 一年以内

     B. 一个营业周期内

     C. 超过一年的一个营业周期内

     D. 一年内或超过一年的一个营业周期内

11. 不属于损益类的会计科目是（   ）。

     A. 税金及附加   B. 制造费用

     C. 管理费用   D. 其他业务成本

12. 某账户本期增加发生额为 1 200 元，减少发生额为 1 500 元，期末余额为 1 300 元，则该账户期初余额为（   ）元。

     A. 1 000   B. 1 200   C. 1 600   D. 4 000

13. 采用复式记账法主要是为了（   ）。

     A. 如实完整地反映资金运动的来龙去脉

     B. 便于登记账簿

     C. 便于会计人员分工协作

     D. 提高会计工作效率

14. 账户发生额试算平衡是依据（   ）确定的。

     A. 借贷记账法的记账规则   B. 经济业务的内容

     C. 会计方程式   D. 经济业务的类型

15. "本年利润"账户的期末贷方余额表示（   ）。

     A. 本期实现的利润总额   B. 截至本期本年累计实现的利润总额

     C. 本期实现的净利润   D. 截至本期本年累计实现的净利润额

二、多项选择题（本大题共 8 小题，每小题 1.5 分，共 12 分）

1. 现代会计最基本的特征是（   ）。

     A. 会计主体   B. 会计分期

     C. 公认会计原则   D. 执业会计师制度

2. 会计中期一般是指（   ）。

     A. 月度   B. 季度   C. 半年度   D. 年度

3. 正确的会计等式有（   ）。

     A. 资产 = 权益

     B. 资产 = 负债 + 所有者权益

     C. 收入 − 费用 = 利润

     D. 资产 + 负债 − 费用 = 所有者权益 + 收入

4. 资产的特点可归纳为（   ）。

     A. 企业拥有或控制   B. 带来经济利益的资源

  C. 过去的交易事项形成的　　　　　　D. 伴随着收入的取得

5. 只引起会计等式左边会计要素变动的经济业务有（　　　　）。

  A. 从银行提取现金 800 元

  B. 购买原材料 90 000 元，货款暂欠

  C. 购买一项专利权 200 000 元，款已付清

  D. 收到投资者投入机器一台，价值 500 000 元

6. 下列经济业务中，（　　　　　　）不会引起资产和权益总额变化。

  A. 取得短期借款 300 000 元，存入银行

  B. 以 70 000 元存款购入材料

  C. 企业提取盈余公积金

  D. 生产产品领用材料

7. 下列项目中属于期间费用的有（　　　　）。

  A. 管理费用　　　　　　　　　　　B. 财务费用

  C. 制造费用　　　　　　　　　　　D. 销售费用

8. 借贷记账法的试算平衡可按（　　　　）公式进行。

  A. 全部账户借方本期发生额合计数 = 全部账户贷方本期发生额合计数

  B. 全部账户借方期初余额合计数 = 全部账户贷方期末余额合计数

  C. 全部账户借方期初余额合计数 = 全部账户贷方期初余额合计数

  D. 全部账户增加额 = 全部账户减少额

三、填空题（本大题共 5 小题，每小题 1 分，共 5 分。）

  1. 会计核算具有连续性、_____和_____的特点。

  2. 收入可表现为企业_____的增加，也可表现为企业_____的减少，还可表现为二者兼而有之。

  3. 会计要素满足了_____的需要，设置账户满足了会计核算的需要。

  4. 账户的基本结构包括_____、_____、_____、_____、_____、_____等。

  5. 净利润 = _____ - _____。

四、判断题（本大题共 5 小题，每小题 1 分，共 5 分）

  1. 会计主要是用货币量度来进行核算和监督的。（　　　）

  2. 业务收支以某种外币为主的企业，也可以选定该种外币作为记账本位币。（　　　）

  3. 会计等式，也称会计方程式，它是设置账户、复式记账和编制会计报表的理论依据。（　　　）

  4. 其他业务收入和营业外收入都属于利润要素的内容。（　　　）

  5. 会计科目按其经济内容分类，可分为总分类科目和明细分类科目。（　　　）

五、名词解释（本大题共 3 小题，每小题 2 分，共 6 分）

1. 会计要素：

2. 复式记账法：

3. 权责发生制：

六、简答题（本大题共 5 小题，每小题 4 分，共 20 分）

1. 经济业务的发生为什么不会破坏会计等式的平衡关系？

2. 什么叫借贷记账法？其基本内容有哪些？

3. 简述制造企业的资金运动规律。

4. 什么是平行登记？平行登记的要点有哪些？

5. 简述会计科目与账户的关系。

七、计算题（本题满分 8 分）

某企业 20×× 年 6 月有关账户的登记情况如下：

借	库存现金	贷
期初余额 500		
（1） 800	（2）	1 000

借	银行存款	贷
期初余额 20 000		
（6） 10 000	（1）	800
（8） 30 000	（3）	2 000
	（7）	6 000

借	其他应收款	贷
期初余额 2 000		
（2） 1 000		

借	应交税费	贷
	期初余额	2 000
（3） 2 000		

借	原材料	贷
期初余额 4 500		
（4） 3 500	（9）	4 000

借	应付账款	贷
	期初余额	8 000
（7） 6 000	（4）	3 500

借	固定资产	贷
期初余额 100 000		
（5） 50 000		

借	实收资本	贷
	期初余额	100 000
	（5）	50 000

借	短期借款	贷
	期初余额	20 000
	（6）	10 000
	（8）	30 000

借	生产成本	贷
期初余额 3 000		
（9） 4 000		

要求：根据上述账户记录内容，写出经济业务内容，并编制总分类账户发生额和余额试算平衡表。

八、会计分录题（本大题 23 小题，共 29 分，要求列出计算过程，注明有关明细科目，第 2、13、22 小题，每题 3 分，其余每小题 1 分）

1. 收到投资者投入 800 000 元存入银行，机器设备 1 200 000 元交付使用。

2. 购入甲材料 7 000 千克，单价 40 元；乙材料 3 000 千克，单价 50 元，增值税 55 900 元，运杂费 2 000 元，所有款项已通过银行支付，要求按重量比例分摊材料运杂费。（运杂费不考虑增值税，下同。）

3. 上述材料已到达，验收入库并按实际成本结转。

4. 发出材料，其中 A 产品领用 220 000 元，B 产品领用 100 000 元，车间一般耗用 20 000 元，管理部门领用 10 000 元。

5. 提取现金 80 000 元，以备发放工资。

6. 以现金 80 000 元支付本月职工工资。

7. 分配结转本月工资费用，其中生产 A 产品工人工资 50 000 元，生产 B 产品工人工资 20 000 元，车间管理人员工资 3 000 元，厂部管理人员工资 7 000 元。

8. 按本月职工工资总额的 14% 计提职工福利费。

9. 以银行存款 9 800 元支付生产车间水电费 7 800 元及厂部水电费 2 000 元。

10. 计提本月固定资产折旧，车间 6 780 元，厂部 2 020 元。

11. 以现金支付本月厂部的办公费 200 元。

12. 收到银行贷款利息清单，支付应由本月负担的银行借款利息 8 000 元。

13. 分配结转本月的制造费用（A 产品 14 000 工时，B 产品 6 000 工时）。

14. A 产品 10 000 件全部完工并验收入库，结转其生产成本，B 产品未完工。

15. 销售 A 产品 900 件，价款合计 500 000 元，增值税 65 000 元，货款尚未收到。

16. 以银行存款支付 A 产品的展销费 4 000 元。

17. 经理归来报销差旅费 1 800 元，原预借 2 000 元，余额退回。

18. 结转本月已销 A 产品的成本 273 240 元。

19. 期末结转各损益类账户余额。

20. 按照利润总额的 25% 计算所得税。

21. 结转"所得税费用"账户余额。

22. 按净利润的 10% 计算法定盈余公积金，5% 计算任意盈余公积金。

23. 年末结转"本年利润"账户余额。

模拟试题三

一、**单项选择题**（本大题共 20 小题，每小题 1 分，共 20 分）

1. 会计是一种（　　　）。
   A. 经济活动　　　　　　　　　　　B. 经济管理活动
   C. 经济监督活动　　　　　　　　　D. 经济核算和经济监督活动

2. 会计运用的主要方法是（　　　）。
   A. 会计分析方法　　　　　　　　　B. 会计核算方法
   C. 会计检查方法　　　　　　　　　D. 会计决策方法

3. 下列不属于企业资产特征的是（　　　）。
   A. 资产是由过去的交易、事项所形成的
   B. 资产是企业拥有或控制的
   C. 资产预期会给企业带来经济利益
   D. 资产必须是有实物形态的

4. 会计科目和账户之间的区别在于（　　　）。
   A. 记录资产和权益的增减变动情况不同
   B. 记录资产和负债的结果不同
   C. 反映的经济内容不同
   D. 账户有结构而会计科目无结构

5. 复式记账的理论依据是（　　　）。
   A. 会计目标　　　　B. 会计要素　　　　C. 会计假设　　　　D. 会计等式

6. "本年利润"账户的各月末余额（　　　）。
   A. 肯定在借方
   B. 肯定在贷方
   C. 可能在借方、可能在贷方

　　D. 盈利则余额在借方，亏损则余额在贷方

7. 借：银行存款　　　　　　　　　　　　　　　　　　10 000

　　　　贷：短期借款　　　　　　　　　　　　　　　10 000

　　该会计分录体现的经济业务内容是（　　　）。

　　A. 以银行存款 10 000 元偿还短期借款

　　B. 收到某企业前欠货款 10 000 元

　　C. 向银行取得短期借款 10 000 元

　　D. 收到某企业投入货币资金 10 000 元

8. "利润分配"账户是用来调整（　　　）的。

　　A. 本年利润　　　　B. 实收资本　　　　C. 应付利润　　　　D. 银行存款

9. 下列不属于期间费用的账户是（　　　）。

　　A. 管理费用　　　　B. 制造费用　　　　C. 销售费用　　　　D. 财务费用

10. 下列不属于原始凭证的是（　　　）。

　　A. 收料单　　　　B. 领料单　　　　C. 购货发票　　　　D. 购销合同

11. 会计凭证是记录经济业务事项的发生和完成情况，明确（　　　），并作为记账依据的书
　　面证明，是会计核算的原始依据。

　　A. 社会责任　　　　B. 经济责任　　　　C. 委托责任　　　　D. 法定责任

12. 库存商品明细账采用（　　　）账簿。

　　A. 多栏式　　　　B. 三栏式　　　　C. 数量金额式　　　　D. 横线登记式

13. 年度结账时，除结算出本年四个季度的发生额合计数，记入第四季度的下一行，在摘要
　　栏注明"本年累计"字样外，还应在该行下面划（　　　）通栏红线。

　　A. 一道　　　　B. 二道　　　　C. 三道　　　　D. 四道

14. 记账凭证栏中的"√"记号，表示（　　　）。

　　A. 已登记入账　　　　　　　　　　B. 不需要登记入账

　　C. 此凭证作废　　　　　　　　　　D. 此凭证编制正确

15. 各种账务处理程序的主要区别是（　　　）。

　　A. 会计凭证的种类不同　　　　　　B. 登记总账的依据和方法不同

　　C. 记账程序不同　　　　　　　　　D. 总账的格式不同

16. 记账凭证账务处理程序的主要缺点是（　　　）。

　　A. 体现不了账户对应关系　　　　　B. 不便于会计合理分工

　　C. 登记总账的工作量大　　　　　　D. 明细账与总账无法核对

17. 在企业和银行双方记账均无错误的情况下，银行对账单与企业银行存款日记账的余额不
　　一致的原因是（　　　）。

　　A. 应付账款　　　　B. 外埠存款　　　　C. 未达账项　　　　D. 应收账款

18. 在实地盘存制下，账簿登记的方法是（　　　）。

　　A. 平时既登记增加数，也登记减少数

　　B. 平时既不登记增加数，也不登记减少数

　　C. 平时只登记增加数，不登记减少数

D. 平时不登记减少数，也不登记增加数

19. 资产负债表中，排列下列资产项目顺序的依据是（　　　）。

　　A. 项目的重要性　　　　　　　　B. 项目的流动性

　　C. 项目的时间性　　　　　　　　D. 项目的货币性

20. （　　　）主管全国的会计工作。

　　A. 国家税务总局　　　　　　　　B. 中华人民共和国财政部

　　C. 中华人民共和国审计署　　　　D. 中国证券监督管理委员会

二、多项选择题（本大题共 10 小题，每小题 1.5 分，共 15 分）

1. 会计核算的基本前提，包括（　　　）。

　　A. 会计主体　　　　B. 持续经营　　　　C. 会计分期　　　　D. 货币计量

2. 在我国，对外提供的会计报表包含的会计要素有（　　　）。

　　A. 利润分配　　　　　　　　　　B. 收入、费用、利润

　　C. 所有者权益　　　　　　　　　D. 资产、负债

3. 借贷记账法下试算平衡的方法有（　　　）。

　　A. 发生额试算平衡法　　　　　　B. 余额试算平衡法

　　C. 差额试算平衡法　　　　　　　D. 加权平衡法

4. 下列各项中，应计入材料采购成本的有（　　　）。

　　A. 买价　　　　　　　　　　　　B. 运杂费

　　C. 途中的合理损耗　　　　　　　D. 运输途中责任人丢失的材料成本

5. 原始凭证审核的内容主要有（　　　）。

　　A. 原始凭证的合法性和真实性　　B. 原始凭证的合理性

　　C. 原始凭证的完整性　　　　　　D. 原始凭证的正确性

6. 账簿按其用途的不同可分为（　　　）。

　　A. 序时账　　　　B. 备查账　　　　C. 活页账　　　　D. 分类账

7. 为了保证账簿记录的正确性，需要对有关账项进行核对，对账的内容有（　　　）。

　　A. 账账核对　　　　B. 账表核对　　　　C. 账实核对　　　　D. 账证核对

8. 各种账务处理程序的相同点包括（　　　）。

　　A. 根据记账凭证逐笔登记总账

　　B. 根据科目汇总表登记总账

　　C. 根据原始凭证和记账凭证登记明细账

　　D. 根据原始凭证编制记账凭证

9. 财产清查，按清查的时间可分为（　　　）。

　　A. 全面清查　　　　　　　　　　B. 局部清查

　　C. 定期清查　　　　　　　　　　D. 不定期清查

10. 现金流量表中的现金是指（　　　）。

　　A. 库存现金　　　　　　　　　　B. 银行存款

　　C. 现金等价物　　　　　　　　　D. 其他货币资金

三、判断题（本大题共 6 小题，每小题 1 分，共 6 分）

1. 资产必须是企业拥有所有权的资源。（   ）

2. 会计科目是根据经济管理的要求对会计要素进行的分类，所以，企业可以自行设置所有的会计科目。（   ）

3. 在借贷记账法下，可以开设双重性质的账户。（   ）

4. "生产成本"账户期末若有借方余额，表示企业月末有在产品。（   ）

5. 记账凭证是会计人员根据审核后的原始凭证，加以归类、整理，确定会计分录，并据以编制会计报表的会计凭证。（   ）

6. 企业取得收入，意味着利润一定会形成。（   ）

四、名词解释（本大题共 5 小题，每小题 2 分，共 10 分）

1. 资金循环与周转：

2. 所有者权益：

3. 会计报表：

4. 会计核算程序：

5. 账簿：

五、简答题（本大题共 3 小题，每小题 5 分，共 15 分）

1. 简述会计对象、会计要素与会计科目的关系。

2. 简述记账凭证汇总表核算程序的工作步骤。

3. 简述利润分配的顺序。

六、会计分录题（本大题共 17 小题，每小题 2 分，共 34 分）

昌华工厂 20×× 年 11 月发生如下经济业务，要求：运用借贷记账法编制会计分录，并标明必要的明细科目。

1. 1 日，购甲材料 2 000 千克，每千克 4 元，购乙材料 3 000 千克，每千克 2 元，增值税进项税额为 1 820 元，以银行存款支付，材料尚未运到。

2. 4 日，上述原材料运到工厂，并验收入库，按实际成本入账。

3. 5 日，生产领用甲材料 1 500 千克，其中生产 A 产品耗用 1 000 千克，生产 B 产品耗用 500 千克，甲材料单位成本为 4 元。

4. 7 日，生产领用乙材料 1 000 千克，全部用于 B 产品生产，乙材料单位成本为 2 元。

5. 9 日，以银行存款支付车间水电费 1 000 元。

6. 12 日，销售 A 产品 200 件，单价为 150 元；销售 B 产品 200 件，单价为 80 元，增值税销项税额为 5 980 元，款项均已收存银行。

7. 14 日，用银行存款支付销售产品广告费 1 000 元。

8. 16 日，从银行提取现金 10 000 元，备发工资。

9. 17 日，以现金发放本月职工工资 10 000 元。

10. 20 日，采购员李兵报销差旅费 2 500 元，退回现金 500 元（原预借款为 3 000 元）。

11. 30 日，分配本月工资费用 10 000 元，其中生产 A 产品工人工资 4 000 元，生产 B 产品工人工资 2 000 元，车间管理人员工资 2 000 元，厂部管理人员工资 2 000 元。

12. 30 日，按工资总额的 14% 提取职工福利费。

13. 30 日，计提本月固定资产折旧，其中，车间固定资产应提折旧 2 720 元，厂部固定资产应提折旧 1 000 元。

14. 30 日，分配并结转本月制造费用（按工人工资比例分配）。

15. 30 日，结转本月销售 A 产品和 B 产品的实际成本（单位成本分别为 80 元、40 元）。

16. 30 日，本月投入生产的 A 产品 157 件，B 产品 207 件，已全部完工，结转完工产品成本。

17. 30 日，将损益类账户余额结转到"本年利润"账户。

七、附加题（每小题 4 分，共 20 分）

通过"基础会计"课程的学习，熟悉下列名词之间的区别与联系，从而建立会计核算的基本概念。

1. 权责发生制与收付实现制
2. 实地盘存制与永续盘存制
3. 成本与费用
4. 所得税与增值税
5. 资本与资金

　　熊绍刚，副教授，襄阳职业技术学院质量管理办公室主任，全国高职院校教学督导协作会理事，职业教育课程国际交流联盟专家委员会委员，湖北省省级督导专家、省级教师教学能力大赛指导专家、省级在线精品课程评审专家、省级职业院校技能大赛指导专家。长期从事专业教学资源库、精品在线开放课程建设及教学空间等教学改革研究与实践。曾获省信息素养大赛教师微课比赛一等奖。参与建设的"基础会计"课程被评为国家精品课程及国家级精品资源共享课程。主编和参编教材8本，在学术期刊上发表论文近20篇，主持和参与国家级、省级教科研课题近10项。

　　孔祥银，湖北工业职业技术学院旅游商贸学院院长、教授、高级会计师、注册会计师、注册税务师、湖北省职业教育技能名师工作室（会计）主持人。兼任湖北省会计学会理事、湖北省职教学会财经类教指委副主任委员、湖北省高校财务管理专家，主持多家单位审计、评估和税务鉴证等业务。主持和参与教育部创新基金项目2项，主持多项市级以上课题，主编教材3部，在学术期刊上发表论文20余篇，荣获十堰市优秀教师、十堰市优秀教育工作者、十堰市先进会计工作者、湖北省高校系统党风廉政建设好党员、好干部先进典型等荣誉称号。

郑重声明

高等教育出版社依法对本书享有专有出版权。任何未经许可的复制、销售行为均违反《中华人民共和国著作权法》，其行为人将承担相应的民事责任和行政责任；构成犯罪的，将被依法追究刑事责任。为了维护市场秩序，保护读者的合法权益，避免读者误用盗版书造成不良后果，我社将配合行政执法部门和司法机关对违法犯罪的单位和个人进行严厉打击。社会各界人士如发现上述侵权行为，希望及时举报，我社将奖励举报有功人员。

反盗版举报电话 （010）58581999　58582371
反盗版举报邮箱　dd@hep.com.cn
通信地址　北京市西城区德外大街 4 号　高等教育出版社法律事务部
邮政编码　100120

读者意见反馈

为收集对教材的意见建议，进一步完善教材编写并做好服务工作，读者可将对本教材的意见建议通过如下渠道反馈至我社。

咨询电话　400-810-0598
反馈邮箱　gjdzfwb@pub.hep.cn
通信地址　北京市朝阳区惠新东街 4 号富盛大厦 1 座　高等教育出版社
　　　　　总编辑办公室
邮政编码　100029

防伪查询说明

用户购书后刮开封底防伪涂层，使用手机微信等软件扫描二维码，会跳转至防伪查询网页，获得所购图书详细信息。

防伪客服电话 （010）58582300

资源服务提示

授课教师如需获取本书配套教辅资源，请登录"高等教育出版社产品信息检索系统"（http://xuanshu.hep.com.cn/），搜索本书并下载资源。首次使用本系统的用户，请先注册并进行教师资格认证。

高教社高职会计教师交流及资源服务 QQ 群（在其中之一即可，请勿重复加入）：

QQ3 群：675544928　QQ2 群：708994051（已满）　QQ1 群：229393181（已满）